楊照的七堂公民課

打造新世界

費城會議與《美國憲法》

楊照 著

A NEW WORLD IS BORN

On Philadelphia Convention and *Constitution of the United States*

目錄

A NEW WORLD IS BORN

On Philadelphia Convention and *Constitution of the United States*

自序

文／楊照

一、

從我們自我中心的角度看，人類經驗最主要的分類，是「傳統」與「現代」。不論哪個地方、哪個文明的人，一定都有這樣的劃分，乃至斷裂。

從台灣、中國、東方看，我們今天所過的「現代生活」，來自西方，明顯是受到西方強力影響後，或自願追求或被動接受的結果，因而我們很容易感受到「傳統」與「現代」之間的區隔、斷裂。「傳統」被打斷、被拋棄了，才代換上「現代」。

連帶地，我們經常誤以為：「現代文明」等於「西方文明」。相較於東方所受到的衝擊，「現代」起於西方，所以「現代」就是西方的。然而仔細考察一下十七、十八世紀以降的西方歷史，我們真正看到的，同樣也是一個舊有的、

「傳統」的模式、系統，在很短的時間內被拆開、撕裂、瓦解、推翻，換上一套非常不一樣的模式、系統。他們有他們從「傳統」到「現代」的艱難、痛苦過程。

新天新地誕生，逼著人不得不放棄原有的生活、原有的習慣，重新學習、重新思考。在一個意義上，西方從「傳統」到「現代」的蛻變，比東方平和，因為沒有被外力壓制、強迫的屈辱，沒有瀕臨滅絕的危機焦慮；但在另一個意義上，西方的變化，比東方要來得辛苦，因為沒有現成的答案可供採用，由舊到新，每一個環節都必須重新思考、反覆爭議、內在拉鋸鬥爭，才能形成。

兩三百年來，從西方開始，這套「現代」生活模式、系統逐漸籠罩、改變了全世界，甚至統一了全世界。在可預見的將來，我們有生之年看得到的將來，這套「現代」模式、系統應該都會繼續與我們常相左右。沒有充分理由讓我們預言「現代」的終結，更沒有理由讓我們能想像回歸到「傳統」。換句話說，不管喜歡或不喜歡，我們擺脫不了活在「現代」裡的事實。

我們活在「現代」中，其觀念、原則、規律像空氣般包圍著我們，決定了我們如何生活、如何感受、如何看待自己和外在世界，正因為無法擺脫，所以我們很少意識到其存在。要記取蘇格拉底的訓誡：「未經檢驗的生活是不值得活的」，要能意識到「現代」的存在，自覺地理解自己究竟在過怎樣的生活，其中一種方式，我認為最有效的辦法，是溯源式地問：「『現代』是怎麼來的呢？在哪裡、以什麼樣的方式，『現代』離開了『傳統』，取代、淘汰了『傳統』呢？」

換個方向想：「我為什麼是今天這樣一個人，過這樣的生活，而不是徐志摩、不是朱元璋、不是司馬遷？為什麼我絕對過不了徐志摩、朱元璋、司馬遷的生活，把我和他們徹底區隔開來的因素，究竟是什麼？」

如此探問、如此追究，一定會帶領我們抵達奇特的領域——看似虛幻、抽象，難以捉摸，卻發揮了最強大、最根本作用的「觀念」。我們和徐志摩、朱元璋、司馬遷有完全不同的觀念。關於人怎麼吃、怎麼穿、怎麼住，我們不一樣。關於人怎麼愛、怎麼組成家庭、怎麼統治或接受統治，我們不一樣。關於人怎麼思考、怎麼相信、怎麼表達自己的思考與信念，我們不一樣。

「現代」由許多錯綜複雜、彼此纏結的觀念構成。在產生、進而固定這些觀念的過程中，有一些書籍曾經發揮過巨大的作用。這些書，就是我心目中的「現代經典」——使得「現代」變得可能，創造了「現代」社會、「現代」世界，因而至今流傳、未被遺忘湮滅的書籍。

這些書，提出了異於「傳統」的想法，批判了「傳統」，進而提出對「傳統」的改革改造主張。藉由文字的力量，聚攏了不同時空裡的眾人，集體打造出異於「傳統」、不再依循「傳統」習慣的社會、文明，創造了「現代」。

書無法涵蓋「現代」，書當然不是「現代」的全部，但透過書，透過這些「現代經典」，卻能夠讓我們最容易、最有效自覺地去察知「現代」、了解「現代」。

從二〇〇五年起，我持續在「誠品講堂」開設「現代經典細讀」課程，就是希望能夠繞路經由這些「現代經典」，讓活在當下台灣社會的人，有機會可以擺脫許多理所當然產生的麻木，重新思考、認知：「我是誰？」「我為什麼如此生活？」「我習以為常的生活有著怎樣的來歷？」「我喜歡什麼、討厭什麼、接受什麼、拒絕什麼，究竟為何如此喜歡、討厭、接受、拒絕？」「我該如何面對這樣宰制我、決定我的『現代』觀念與價值呢？」

要在現代社會中活得像個人，不斷反思、不斷檢驗，一條路徑是回歸歷史，找到「現代」價值、觀念萌芽出現的起點，看看它們當時如何產生，又為何能取得力量、廣為傳播，以至於成為我們今天內化了的規範。

荷馬史詩、普魯塔克、孔子、《史記》……都是重要經典，都值得用心閱讀，不過閱讀那樣的「傳統經典」，和閱讀「現代經典」，應該有很不一樣的準備，很不一樣的態度。「傳統經典」誕生於不同的社會、不同的時代，那樣的社會、時代，和我們所處的環境大異其趣，所以能夠展現人類經驗的廣度，讓我們驚異地體會人類近乎不可思議的多樣性。我們不能、也不該在「傳統經典」裡尋找現代經驗，那樣往往扭曲了異質經驗，窄化了「傳統經典」原有的豐富、多元樣貌。

以多元欣賞的態度讀「傳統經典」，以切身溯源的態度讀「現代經典」，是我多年反覆琢磨出的閱讀策略，提供給有心人參考。

二、

「現代經典細讀」課程長期開設下來，逐漸形成了以一年為單位的設計形式，每一年一共三期的課程前後相銜，環繞著一個共同的主題，每一期選兩本書，一整年下來，會有六本彼此可以相互印證的經典書籍。二〇一三年我訂定的主題是「民主與自由」。

不過就是二十年前、二十五年前，台灣還是個不自由的國家，更是個沒有民主的國家。一九八七年七月，才結束了長達將近四十年的「戒嚴」，正式「解嚴」。「解嚴」時，台灣的國會——立法院和國民大會——充斥著沒有改選的老委員、老代表，總統是由國民大會選舉的，一般人沒有選總統的權利，一般人甚至連選台北市長、高雄市長的權利都沒有。立法院無法實質監督政府，政府部門從用人、用錢，到規劃政策、執行政策，通通都不透明，裡面藏了多少特權操控的扭曲空間。

逐步建立起民主體制，進而運作民主，在台灣是個相對新鮮的經驗。從頭到尾算下來，不過就是二十年左右，換句話說，就是在今天台灣社會大多數人的這一生中發生的。大部分人都經驗、見證了這段過程，大部分人都還存留有「前民主」的記憶。

然而，令人驚訝的，那麼短的時間、那麼快速的變化，二十年後好像就從大部分台灣人的經驗與記憶中消散了。台灣人已然習慣於民主、自由，將民主、自由視為理所當然。為什麼一下子台灣人就可以不在意民主是什麼、自由是什麼，安心無意識地活在民主、自由中？

從臉書上最隨便的發言，到報紙社論最嚴肅正經八百的論述，都可以清楚感受到台灣社會對民主、自由的輕忽草率態度。從臉書到社論，很多人喜歡拿中國大陸的狀態和台灣相比，不管比好比壞，都沒有將這項根本的差距放入考慮——台灣擁有民主政治體制，中國大陸沒有。在談中國和台灣時，有些人忘掉了中國的不民主，有些人忘掉了台灣的民主。

對我而言，這是個嚴肅的問題：為什麼台灣那麼容易就失去了民主、自由的自覺？為什麼台灣沒有持續認真對民主、自由的思考與討論？這不是個簡單的事實，而是應該被分析、解釋的現象。

我根深柢固的知識慣性：遇到了難以解釋的問題，先回到歷史，先整理歷史經驗。先弄清楚民主、自由怎麼來的，才能從比對中照映出台灣在民主、自由發展上呈現的同與異。

三、

一年的課程中，選讀了孟德斯鳩的《論法的精神》（《法意》）、盧梭的《社會契約論》（《民約論》）、《美國憲法》、彌爾的《論自由》、海耶克的《到奴役之路》和羅爾斯的《正義論》。

《美國憲法》列在其中，有特別的用意。回到這個最早的民主國家如何奠定其國家基礎的現場，仔細理解一字一句的意思，我們很容易明瞭：民主沒有那麼理所當然，民主得來不易。從觀念、理論的推演、探討，落為政治制度現實，中間有多少複雜扣搭的環節，不只彼此牽動，往往還彼此衝突互斥。靠驚人的集體智慧，也靠許多神奇的運氣成分，才完成了《美國憲法》，建立起這部憲法所規範、律定的政治制度。民主，是這樣百死千難中才施施然在人類文明的地平線上升起的。

另外一項考量：藉由一字一句理解《美國憲法》，或許也能提醒大家，一套能夠正常運作的民主制度，牽涉到多少複雜連環的權力因素。在民主之前，必須先有民主的權力思考，尤其是民主的權力邏輯。依照這民主的權力邏輯，仔細衡量探索種種互動安排的可能性，才型塑出人類歷史上空前的平等制度。民主的建立，有賴強大的思考能量，同樣的，民主的維護，也會需要不懈的持續思考努力。

不思不考的民主，仍然是民主。然而一個對民主缺乏思考傳統，無法或不願投注精神不斷思考民主的社會，必須冒著隨時可能失去民主的巨大風險。畢竟，若是大家都不明白民主的來歷、不明白民主錯綜複雜的權力原則，我們又要如何察知、評量對於民主的威脅呢？

知其然且知其所以然的民主，是我認定台灣應該要追求的民主，也是比較可以讓人放心的民主。

第一章

從「邦聯」到「聯邦」的會議

一七八七年五月在費城召開的這次會議，
後來在歷史上被通稱為「制憲會議」。
從結果上看，《美利堅合眾國憲法》的確是在這個會議上制定的，
然而回到歷史上，許多來參與會議的人，
相信他們是來討論、協商「各州之間的商業與貿易關係」。

《獨立宣言》不是宣布美國獨立

隨著美國的強大，美式文化的浸染，美國歷史的一些事實，幾乎成了全世界的共同常識。例如，走到哪裡大家都知道美國建國於一七七六年。例如，走到哪裡大家都知道美國第一任總統，美國的「國父」，是喬治・華盛頓。例如，走到哪裡都有很多人知道華盛頓之偉大，其中包括了他當了兩任總統之後，堅持拒絕再連任，立下了美國總統頂多只當八年的慣例。

那麼容我追問一句：華盛頓擔任美國總統的任期，是從哪一年到哪一年？這個問題就比較少人能夠準確回答了。如果按照上面的兩項常識加起來，應該很多人會推斷華盛頓是一七七六年就任總統，兩任八年之後，在一七八四年卸任。

這個答案不對，而且還差得蠻遠的。歷史事實是：華盛頓於一七八九年就職，八年之後，一七九七年卸任。怎麼會這樣？國家成立於一七七六年，第一任總統卻要到一七八九年才就職？難道意謂著從一七七六年到一七八九年，長達十三年的時間中，美國沒有總統？

是的，那段時間中，美國沒有總統。那段時間中美國不只沒有總統，那段時間中我們所知道、所認識的美國，根本不存在。

美國國慶，也就是美國的建國紀念日，是七月四日，源自於一七七六年七月四日所發生的事。那一天發生的關鍵歷史事件，是「簽署《獨立宣言》」。

一般我們在中文稱之為《獨立宣言》的這份文件，其原文的完整標題是：「The unanimous Declaration of the thirteen united States of America」。譯作中文，是「美洲十三州聯合發表的一致宣言」。還要注意一下其大小字體的變化運用。那個時代的習慣，和今天的德文一樣，名詞大寫，其他字小寫。另外，重要的字字體放大，不重要的就相對縮小。所以我們知道一件關鍵的事：「united」這個字沒有大寫，只是用來形容這些州的團結態度，並沒有和「States of America」結合在一起，構成後來我們熟悉的「United States of America」——美利堅合眾國。

換句話說，《獨立宣言》是以州為單位進行簽署並聯合發表。各州一致表示不願繼續接受英國殖民統治，伸張其獨立於英國之外的權利，然而簽署之時，並沒有「美利堅合眾國」。各州只是在對抗英國、主張獨立這件事上，聯合表態、聯合行動。

《獨立宣言》簽署時，還沒有後來成為專有名詞的「United States of America」，文獻中「united」這個字是「of the thirteen united」的一部分，寫得特別小，表示沒那麼重要，也就是說，這時候並未出現、存在一個新的國家。《獨立宣言》因而絕對不是宣布美國獨立，而是宣布北美十三州獨立於英國殖民法律之外，不再受到英國法律和政治管轄。

這十三州明確且強硬地伸張自己「獨立且自由」的地位。簽署這份文件時，十三個州也都出於個別的「獨立且自由」的立場，所以才要在文件上標榜「一致」，十三個政治體一致同意。如果這十三州已經結合為一體，成立新的國家，就不會需要「一致」了。

再仔細一點看，今天我們習慣譯作「州」的這個字——「state」，其原文是帶有政治主權意味的，在別的上下文脈絡中，也經常被譯為「國家」。回到歷史現場，一七七六年真正發生的關鍵大事，是原本隸屬於英國的十三個殖民地，這時重新將自我定位為十三個「states」，十三個獨立的政治實體，然後十三個政治實體出於「獨立且自由」的選擇，聯合在一起對抗英國。

北美洲十三個殖民地有著很不一樣的淵源，很不一樣的性質。北部新英格蘭地區的殖民地，建立得最早，主要由清教徒組成。他們是一群為了堅持宗教信仰，不能見容於英國，不願忍受繼續在英國生活，因而遠渡重洋的人。南部的殖民地卻不是如此。南部勢力最大的殖民地，叫「Virginia」；南部最有名的城市，叫「Charleston」（在南卡羅萊納）。前者源自「Virgin Queen」，英國女王伊莉莎白一世，後者源自於英國國王查理二世。這個地區和英國相對關係友善、密切，是正式取得了英國王室給予的特許狀開發的。來到這個地區的人，發展了大莊園，進行大規模的農業生產，顯然他們對世俗財富與權勢的關心，遠超過宗教信仰和死後去向。

來源不同、性質各異的十三個殖民地，到了這時集體被英國政府連續加稅的措施，以及英國國會拒絕容納北美殖民地選出議員的態度給激怒了，他們意識到必須團結起來，反抗英國得寸進尺的壓榨。

先聯合對抗英國，然後十三個新獨立的州，才來思考、安排彼此之間的關係。一七七七年，十三個連署《獨立宣言》的州，另外簽訂了「Articles of Confederation」，《邦聯條例》，訂定十三州聯合行動的綱領。

十三個州組成了「Confederation」，邦聯，而不是「United States of America」，美利堅合眾國。《邦聯條例》的訂定，不是出於任何一州的提案主導，更沒有一份新國家的未來願景在其背後，毋寧是被當時的現實條件給逼出來的。面對《獨立宣言》，英王喬治三世非但沒有退讓，還強勢地派遣了兩萬名英軍來到北美，選擇以武力鎮壓「反叛者」的立場。擴大戰爭箭在弦上，十三州不得不更進一步整合，來準備眼前的武裝衝突。

電影《王者之聲》（*The King's Speech*）描述了一九三六年喬治六世即位前後所發生的事。其中有一段在英國以外不太能引起注意的小細節。說話結巴、無法演說、無法廣播的喬治六世，對亦師亦友的演說教練發洩他的恐慌與挫折感，其中一句激動的台詞說的是：「如果做不到，我會變成另外一個喬治王！」

「另外一個喬治王」，意指他無法追隨他爸爸喬治五世的輝煌功業，而是被人比擬為喬治三世。喬治三世是英國歷史上公認的失敗國王，他最為惡名昭彰的失敗，當然就是丟掉了北美殖民地。喬治三世缺乏政治智慧與政治手腕，無法取得北美殖民地的信任，惡化了危機，升高了衝突，迫使十三州不得不進一步團結應戰。

英國的舉措，讓十三個殖民地緊緊結合在一起，誰也不敢離開這個團體，單獨面對當時世界上數一數二的英國軍力。情況推著十三個殖民地朝著組織化的方向走，還來不及想清楚怎樣的組織模式最好最適合之前，危機迫使他們必須先正式組織起來。

「邦聯」的精神是不干預各州內政

《邦聯條例》中沒有總統，只有十三州各派代表組成的「Congress」。在那樣的歷史脈絡下，我們不該、也不能將「Congress」譯作「國會」。「Congress」的本意，很單純，不過就是「代表會議」而已。《邦聯條例》中律定「邦聯」的最高權力中心，是十三州的「代表會議」。

「邦聯代表會議」沒有固定在哪裡開會。[1]《邦聯條例》中對各州代表的產生方式，沒有任何規定，任由各州自行決定、自行推派。這樣的「邦聯代表會議」，在組織上比今天的歐洲議會還要鬆散。歐洲議會至少有明確的選舉辦法，

1 第一到第三屆在費城；第三屆後半到第四屆在普林斯頓；第五屆在安那波利斯；第六屆前半在新澤西川頓；第六屆後半到第十屆在紐約。

確立各國的議員人數、資格及任期。《邦聯條例》中完全不規範各州要派幾名代表，以及派怎樣的代表來參加會議。

這樣的代表會議怎麼開會？有的州來五個人，有的州來二十個人，會議上要如何決議？尤其是怎麼投票呢？「邦聯代表會議」由各州代表開會，但遇到要投票議決時，代表沒有個別投票權。會議上投票，永遠只有十三票，不管你的州派了多少代表與會，一個州只擁有一票，你們所有代表必須自己協商找出一個「州的立場」、「州的決議」。

「邦聯」是以州為單位組成的。《邦聯條例》上規定，有過半數，也就是七個州的代表出席，就可以開「邦聯代表會議」，不過在《邦聯條例》有效運作的那幾年中，「邦聯代表會議」常常因為湊不足七州代表而無法開會。

美洲殖民地和英國之間的軍事衝突，從一七七六年延續到一七八三年。一七八三年英國終於讓步，遞出了停戰和約。和約送到「邦聯」的最高權力機構，要由「邦聯代表會議」來簽署。但是，連這樣的歷史性大事，一時都找不到足夠的代表可以開會！費了很大力氣，才找來各州代表讓和約生效，[2]然而過程中，維吉尼亞州堅持不派代表參與簽署英國和「邦聯」之間的和約，而是另外以州的身分單獨和英國簽了一份和約。

從這些例證，我們很容易判斷得出「邦聯」、「邦聯代表會議」到底有多重要，具備多高的地位。一直到一七八五年，依照後來的歷史說法，美國已經成立、存在了快十年，十三個州之中，仍然有九個州擁有自己的海軍。

外交上，「邦聯」無法阻止維吉尼亞州單獨行動；軍事上，「邦聯」也無能整合各州的海軍。連外交、軍事上的作用都如此有限，就更不必提「邦聯」可能對各州內政能有怎樣的介入、影響了！

三百多年來，美國本土上進行過最嚴重的戰爭，是一八六一年到一八六五年之間的「南北內戰」。內戰的根本衝突，來自南北方極為不同的經濟發展型態，連帶引發了對待黑奴的絕然相反立場。北方反對蓄奴，南方卻站在莊園經濟的利益上，無論如何不能同意廢奴。

「南北內戰」的爆發點，則是南部各州宣布退出「聯邦」。當時的美國總統林肯，基於衛護「聯邦」完整性的立場，毅然決定一戰。在那樣集體情緒激昂

2 和約送回美國時正值隆冬，十三州當中只有七州代表出席。根據《邦聯條例》，條約的生效需要有九個州批准。後來康乃狄克州和南卡羅萊納州的代表趕到馬里蘭，總算完成和約的批准。

的氣氛中，支持蓄奴的十五個南方州中，有七州率先聯合起來，掛出新旗幟，那就是「Confederate States of America」，「美利堅邦聯」。

南方的選擇，不是偶然。明顯訴求於比「聯邦」更早的歷史組織。在「聯邦」之前，先有「邦聯」，而且「邦聯」和「聯邦」最大的不同，就在「邦聯」不會干預各州內政，不會侵犯各州「獨立且自由」的地位。

費城會議本不該是「制憲會議」

一七七七年《邦聯條例》所定義的國家，顯然不是我們認識的這個美國。從「邦聯」到「聯邦」的變化，要從一七八五年談起。到一七八五年，行使了八年的《邦聯條例》明顯地無力解決幾個根本問題。

第一個問題是大州與小州間的關係。直接由十三個殖民地化身而成的州，有大有小。人口最少的德拉瓦州，只有三萬七千人，而大州如賓西法尼亞州，州內一個城市——費城——就有四萬人，超過德拉瓦州。更麻煩的是，革命爆發之際，州與州之間並未劃分明白的州界。地理上，十三州聚集在靠近大西洋的東岸，西邊有廣大未開發的土地，好幾個州都宣稱自己擁有西境上的土地，彼此重疊，衝突隱隱待發。再來，北卡羅萊納州和維吉尼亞州對於波多馬克河的航行權長期、持續爭議。

鬆散組織的「邦聯」、「邦聯代表會議」以及其背後的《邦聯條例》只能讓十三州聯合起來對抗英國，卻遠遠不足以解決十三州間的糾紛。所以在這一年，一七八五年，開始提議：應該召開一個特別會議來檢討《邦聯條例》，進行必要的修改。

一七八六年，在馬里蘭州舉行了第一次的討論。會中沒有進行對《邦聯條例》的實質修訂，但達成結論，排定在一七八七年五月二日，另行舉行會議「檢討各州之間的商業與貿易關係」。

這個決議表面上看來，極為低調。甚至沒有提要檢討《邦聯條例》。因為與會人士估計，明說檢討《邦聯條例》，很可能引來抵制，尤其是小州。小州，不管多小，在《邦聯條例》的架構中，擁有和大州平等的權利，大州自然會對這樣的安排感到不滿，小州不可能察覺不到大州的態度，因而也就格外敏感要提防大州動手腳改變這樣的平等設計，以伸張其規模上的優勢。

一七八七年五月在費城召開的這次會議，後來在歷史上被通稱為「制憲會議」。從結果上看，《美利堅合眾國憲法》的確是在這個會議上制定的，然而回到歷史上，這個會議在籌備、召開之時，並沒有人知道會是一場那麼重要的「制憲會議」。許多來參與會議的人，相信他們是來討論、協商「各州之間的商業與貿易關係」的。

弔詭的是：當時如果說要召開一場「制憲會議」，會議就絕對開不成，更絕對不會有後來制定憲法草案的結果。如果事先知道那是一場「制憲會議」，很多州根本不會派代表來開會；就算勉強會開了，會中也一定有過半代表反對「制憲」，讓會議開不下去。

後來成為「制憲會議」的費城會議，絕對不是我們的國民大會，絕對不是我們大張旗鼓召開的「修憲會議」。「修憲會議」要先召開國民大會，有一次還得先舉行特別選舉，選出「任務型國代」[3]。國大代表報到，先選舉主席團，主席團會議決定正式會議議程與進行方式，然後按照排定的議程開會，每次會議之前要準備複雜的修憲草案，經過漫長的討論、爭執、甚至衝突打架，最終才做出決議來。開會過程中，議場內政黨積極動員，嚴格管束黨員不得跑票；

議場外媒體全面動員進行報導，讓修憲問題得以從場內吵到場外……

我們不能用台灣「修憲會議」的印象來比擬、想像「費城會議」；我們甚至不能用一九四六年中華民國的「制憲會議」來比擬、想像「費城會議」。美國憲法之所以在「費城會議」誕生，正因為那不是一場「制憲會議」。會議能順利召開，因為用的是看起來很無害、沒什麼大不了的名目：「檢討各州之間的商業與貿易關係」。

一七八七年正式開會前，大部分代表都認定會議是特別針對《邦聯條例》的不足之處進行討論，尤其集中在管理各州彼此爭議解決的部分。康乃狄克州發給與會代表的任命狀上，明白授權代表去「討論並擬定《邦聯條例》可能的修正建議」。連「修正《邦聯條例》」都不是，只是先擬定修正的建議而已。

即使如此，五月開議時，十三個州都還沒到齊。土地最小、人口第二少的羅德島州[4]沒有任何代表與會。他們認定開這種會，對小州沒有任何好處，而

3 二〇〇五年五月十四日舉行的「任務型國代」選舉是國民大會最後一次選舉，選出的國代將複決前一年立法院提出的修憲案，其中包括國會席次減半以及廢除國民大會。

4 羅德島佔地一千零四十五平方英里，當時的人口五萬八千人。

且小州就算派了代表，也無法對抗大州、發揮作用，還不如不參加，保留後面對會議結論不接受、不認帳的空間。

毫無章法的會議卻生出珍貴的民主文獻

十二個州的代表，來到費城與會。開會的地點選在賓夕法尼亞州州議會大樓裡。「邦聯代表會議」還繼續在紐約開會，因而這項特別會議只好借用賓州州議會的場地。要借人家場地，當然只能選別人休會的日子。賓州州議會這段時間不開會，可以將場地外借，那是因為這段時間，從五月到八月，天氣炎熱，[5]一般州議員無法忍受悶在屋裡開會。

這場「費城會議」，後來開得比預定的來得久，一直開到九月才結束，前後大概開了一百二十七天。前後大概有五十五位代表與會。「大概開了一百二十七天」、「大概五十五位代表與會」，不是因為會議出席紀錄有殘缺、不完整，剛好相反，正因為史料上記的再清楚、再明確不過，所以只能說「大概」。

前一年的決議，要在五月二日召開會議，但五月二日時，賓州州議會還沒休會，沒有場地可以開會，所以必須配合延期到五月十四日正式開議。五月十四日，在華盛頓將軍親臨主持下，會議宣布開始。但開議當天，還有很多州的代表沒有來。要到五月二十五日，才終於湊足了讓會議有效的出席條件——過半數七州代表出席。

代表們不只姍姍來遲，而且出席狀況極度不穩定。十二個州總共選出了七十四個代表，不是每個都來，報到的只有五十五個。五十五人中最後報到的一位，一直等到八月六日才出現，離原本預定開會時間晚了三個月，也比會議成立的五月二十五日晚了七十多天。有人遲到，有人早退，更多人來來去去，可能一去就去了十天半個月沒參加會議。報到了五十五位代表，但「五十五」這個數字卻沒有多大的實質意義。每天在會場上出現參與討論的，約莫就只有三十人左右，而且還不是固定不變的三十人。

這樣一場會議是依照怎樣的程序進行的呢？我們讀過孫中山翻譯、整理的《民權初步》，就算沒有讀過《民權初步》，至少也從中小學開「班會」的經驗

5 費城位於副熱帶溼潤氣候區，夏天炎熱潮溼。

中了解會議的基本程序規則。先討論後提案再表決，提案表決時最後面提出的修正先表決，先提出的主案最後表決，議案經表決後就停止討論不得要求再度表決……等等。

「費城會議」採取了和我們的常識很不一樣的會議程序。最大的差別在：允許每個代表提議推翻前面表決過的決議，重新討論、重新投票。假設這裡有個議案主張應該設置一位聯邦總統，經過在場代表充分討論後，訴諸表決，十二個州有十個州贊成，兩個州反對，決議通過設置聯邦總統。但第二天，投反對票的代表可以提出要求，重新討論應不應該設置聯邦總統，討論完之後，再投一次票，後面一次的投票結果自然推翻了前面的決議。

這是多麼荒唐又多麼可怕的會議規則！用這種方式，決議根本就不是決議，只要有人不爽不接受，隨時可以退回去重來，會議要如何開出結果來？的確，這場會議開了很久，關鍵理由就在沒有真正的決議機制，部分條文反覆被拿出來討論、表決，還有部分條文大家知道表決了也沒用，所以一直討論一直討論都沒有付諸表決。

回到歷史現場，「費城會議」簡直如同兒戲。開會要幹嘛，誰來參加，要開多久，用什麼方式得到會議結果……通通都不確定。然而兩百多年後看，我們只能啼笑皆非地評斷：美國運氣好，因禍得福，反而從這種最不正式、最不像樣的會議中得到了最美好的成果。甚至還可以更擴大評斷：人類文明都因禍得福，從最不正式、最不像樣的會議中，得到了一份徹底改變政治思想與政治體制的珍貴文獻。

「維吉尼亞建議書」主導了費城會議

幾項關鍵因素創造了這個近乎奇蹟的逆轉。

第一項因素：從會議第一天，參與的代表們就得到了共識——這是一場閉門會議，每位代表都必須遵守保密原則，絕不對外透露任何會議訊息。會議在討論什麼議案，誰站什麼立場說了什麼，誰在哪個議案上投了贊成或反對票……都在保密之列。

不可思議的事，尤其是我們這個時代完全無法想像的事發生了。從五月開到九月，會場內發生的事，竟然從頭到尾沒有外洩。除了與會人員之外，沒有人知道這場會議到底在開什麼，開得怎麼樣。

第二項幸運的因素，是喬治．華盛頓[6]在會議中，從頭到尾坐鎮其間。他在革命戰爭中贏得的地位，沒有人敢不尊重。另外還有一位人人敬重的革命元勳班傑明．富蘭克林[7]，也參加了「費城會議」。

參加「費城會議」的代表中，最年輕的只有二十三歲，[8]總平均年齡四十五歲。這個平均數字，是因為有了富蘭克林才飆高的，這一年他已經八十一歲了，是與會代表中年紀最長的一位。

華盛頓和富蘭克林的個性截然不同。華盛頓不太說話，但隨時坐在場中，不隨便離開。富蘭克林不一定到，但他一到就必定發揮一生當外交官的本性，穿梭全場讓所有人都注意到他的存在。

華盛頓在場，影響了代表們在許多重大條文上的考量。例如討論設置「聯邦總統」時，無可避免地大家都意識到，如果要有總統，要選總統，第一任總統非華盛頓莫屬。也因此如果明白表示反對設置總統，很難不帶有攻擊、否定華盛頓的意涵。尊重華盛頓的地位、考慮華盛頓的感受，使得原本對總統職位持反對立場的人，在會議中大大降低了能見度。

連帶的，討論總統領導的行政部門職權時，每個人腦中的第一任總統形象又發揮作用了。當著未來的第一任總統，你好意思大力主張縮減總統權力，表達不信任總統能夠妥善處理州與州之間的事務？如果不是想著華盛頓，最終訂定出來的行政部門權力，應該會小得多吧？

第三項助成會議的因素，是歐洲各國的態度。除了法國從革命之初就大力贊助外，其他歐洲國家持續以懷疑、乃至敵視的眼光看待美國的情勢。再加上歐洲各國都積極開發佔領海外殖民地，讓美國人更添焦慮。如果十三個州仍然各自為政，不能結合成更緊密的國家，面對歐洲，美國很難有安全感。而且美國也無從向外開拓，和歐洲各國競爭。

還有第四項奇特的因素，就是前面提到的鬆散得近乎荒唐的議事規則。因為保留了可以隨時翻案的機會，針對任何條款，就沒有人非得誓死反對到底不

6 華盛頓（George Washington, 1732-1799）是維吉尼亞州與會的七位代表之一。

7 富蘭克林（Benjamin Franklin, 1706-1790）是賓夕法尼亞州與會的八位代表之一。

8 最年輕的代表是來自新澤西的強納森・代頓（Jonathan Dayton, 1760-1824）。後來擔任過眾議員和參議員。

可。決議通過了你不同意的條文，你不會想要用任何更激烈的手段表示反對，暫時讓決議成立也沒關係，找時間再拿出來翻案重新討論就好了。時間過了，情緒平靜了，本來不能接受的條文看起來也就沒那麼可怕可惡了。更常發生的情況是，繼續往下討論，你會慢慢察覺，其實別人贊成的條文似乎不無道理，可以理解、可以支持。

有些條文對某些州明顯不利，該州代表照理說無論如何不會也不該同意。然而在漫長的一百二十七天中，每個州、每個代表都有機會把所有意見完整、充分地表達，反覆說到無話可說，也就能夠平心靜氣衡量出來所有各州的得失，進行全面的評估，而不是抓住單一一點來看，態度因此也就不同。

還有第五項因素。「費城會議」開會之前，只有極少數幾個人對這個會議有較高、較大的期待。其中一位是詹姆士．麥迪遜[9]，另外一位是亞歷山大．漢彌爾頓[10]。麥迪遜事先聚合了維吉尼亞州的所有代表，召開會前會。會中草擬了一份美國國家新組織的建議書，這份文件後來在歷史上就被稱為「維吉尼亞建議書」（Virginia Plan）。「費城會議」開會前，其他各州都不知道有這份「維吉尼亞建議書」。麥迪遜的意志貫徹了「建議書」，明確主張應該告別「邦聯」，再造一個比「邦聯」更緊密、更有力的國家組織。要更緊密、更有力，就必須讓這個國家有中央政府，不能只有「代表會議」。

會議進行到第六天，麥迪遜提出了「維吉尼亞建議書」，震驚全場。那是一次成功的奇襲。幾乎所有代表都對「維吉尼亞建議書」表達了強烈的意見，當然其中很大一部分是強烈反對的意見。然而不管贊成或反對，這些意見製造了一個效果——從此之後，會議討論離不開「維吉尼亞建議書」。這份文件上的主張，基本上主導了「費城會議」的實質議程。

「維吉尼亞建議書」是「費城會議」後來通過的《美國憲法草案》的前身。這份「建議書」提供了《美國憲法》的基本骨幹，更重要的，這份草案引導會議由原本要檢討《邦聯條例》的方向，轉往探索一套新的組織方案。

9 麥迪遜（James Madison, 1751-1836）是維吉尼亞州與會的七位代表之一，《聯邦論》的三位作者之一，人稱「憲法之父」。在第三任總統傑佛遜時期擔任國務卿，一八〇九年當選第四任美國總統。

10 漢彌爾頓（Alexander Hamilton, 1755-1804）是紐約州與會的三位代表之一，美國憲法的強力推動者，《聯邦論》的三位作者之一。擔任過聯邦政府的第一位財政部長，也是史上第一個以選票為基礎的政黨「聯邦黨」的創建人。

開了一百二十七天的會，每個代表在會上從有話說到沒話，討論過程不斷進行種種合縱連橫的角力，何其幸運，這些說話與行動的內容，留下了第一手的詳細紀錄。

儘管「費城會議」的種種外在條件，看來草率、兒戲，不過與會代表中，至少有一位，抱持著再認真、再嚴肅不過的心態。一百二十七天他全勤出席，而且用近乎不可思議的速記寫下了每一天的會議經過。這個人就是麥迪遜。麥迪遜的現場紀錄[11]，是後世理解這場會議的訊息骨幹，加上其他與會者的書信、講稿、回憶、傳記資料，後來的歷史研究者，可以比當時的新聞記者、一般閱聽大眾，更深入掌握會議中所發生的事。

11 麥迪遜的紀錄名為《一七八七年制憲會議辯論筆記》（*Notes of Debates in the Federal Convention of 1787*）。

第二章

定義「我們」為「美國人民」

認可憲法的過程，等於是讓十三州的人民，重新認真思考、探問：
我是怎樣的人？我和別州人民之間該有怎樣的關係？
我究竟希望參與一個什麼樣的國家組織，作為其人民？
我想要有怎樣的政府、怎樣的政治組織？

《美國憲法》由美國人民制定且確立

經歷了一百二十七天漫長、反覆的討論、協商，使得《美國憲法》條文極度簡潔，沒有任何多餘的字句。只有最核心、最關鍵的規範，能夠取得與會人士的同意，留在《憲法》中。其他任何枝節、任何沒那麼清晰明白、稍微彎曲複雜一點的字句，都會引來爭議，最終難免被從文本中刪除。

還有，「費城會議」中各州的現實利益考量，也使得部分應該被討論、被納入的條文，卻消失了。很明顯的一條，是除了現有十三州以外，未來新的州如何加入聯邦的辦法。會中曾有過熱烈的討論，但討論過程中，南方兩個大州——維吉尼亞州和喬治亞州，表現出太大的興趣，使得其他各州意識到：這兩個州都抱有擴張領土的野心，一旦新州加入辦法訂明了，它們必定會依照辦法去創立新州，把自己在「聯邦」原來的一席擴張為兩席、甚至更多。為了防堵它們的野心，其他州很有默契地在會議中封殺了這個條款。

另外，幾個小州希望能在《憲法》中明定退出「聯邦」的辦法，小州總擔心「聯邦」是較為緊密的組織，將來會成為大州用來壓迫它們、逼它們屈從的手段，所以力爭要給自己一條退路，也算是給大州一點抵制威脅：「別吃人夠夠，做得太過分的話，我就不跟你們玩了！」這樣的提議，遭到主張「聯邦」的代表強烈反對：「聯邦」還沒成立前，就先說好可以如何退出，各州都以退出做威脅，要從「聯邦」中得到特權、好處，如此一來，「聯邦」很快就瓦解了，就算「聯邦」勉強維持存在，小州也不可能佔到便宜。相對自主，不受威脅的「聯邦」，才是對小州最好的保障。

小州勉強接受了這樣的推論，收回了訂定退出辦法的要求。於是《美國憲法》對於各州是否有退出權利，如何可以退出，沒有任何規範。到了一八六一年，南方各州片面宣布退出「聯邦」，當時的美國總統林肯就是以它們違憲退出為由，出兵「維護聯邦完整」，引發了長達五年的「南北內戰」。

《美國憲法》訂定之前，十三個州都已有了各自的《州憲》。絕大部分的《州憲》開頭最前面都是「序章」，有一番冠冕堂皇的原則性論述。《美國憲法》則沒有「序章」，只有簡短的一句「序言」，英文叫做「Preamble」。

We the People of the United States, in Order to form a more perfect Union, establish Justice, insure domestic Tranquility, provide for the common defence, promote the general Welfare, and secure the Blessing of Liberty to ourselves and our Posterity, do ordain and establish this Constitution of United States of America.

這句話的開頭，意義非凡。句子的主詞，同時也就是《憲法》的主體，是：

We the People of the United States of America

我們美利堅合眾國人民

核心的句子，是：

We the People of the United States do ordain and establish this Constitution of United States of America.

我們美利堅合眾國人民乃為美利堅合眾國制定和確立這部憲法。

這裡第一次出現當專有名詞用的「United States of America」，「United」是大寫，包括在這名字中的一部分，而不是像《獨立宣言》中那樣，只是拿來當作一個普通的形容詞。《獨立宣言》的主體，是各州，這裡的主體，變成了涵蓋這一個叫「United States of America」國家組織中的所有人民。《美利堅合眾國憲法》是由「美利堅合眾國人民」所制定及確立的。這是劃時代的宣告。人類歷史上從來沒有出現過一部由人民自己制定、並自己確立的憲法。在民主思想的系譜上，《美國憲法》和孟德斯鳩、盧梭的最大不同之處，就是由人民自己訂定管轄國家的根本規則。

孟德斯鳩和盧梭所說的「民主」，性質上主要是歷史概念，來自於古希臘，來自於成為帝國之前的羅馬共和。孟德斯鳩整理的歷史事實顯現，民主的規則，讓人能擁有平等權利、自我決策、自我管轄，是由賢君發明、制定，交給人民遵從施行的。雅典有梭倫[1]，斯巴達有契羅[2]，這兩位天縱英明的領袖，決定了雅典和斯巴達的政治制度。羅馬也有開國的羅慕魯斯[3]，羅馬城的創建

1 梭倫（Solon，約638BC-558BC），希臘政治家、詩人，曾任雅典執政官，推行後世所稱的「梭倫改革」。

2 契羅（Chilon of Sparta, 西元前六世紀初），斯巴達「五長官」之一，據說曾協助推翻西錫安的暴君，並讓斯巴達加入伯羅奔尼撒聯盟。

3 羅慕魯斯（Romulus）與雷慕斯（Remus）是女祭司雷亞・西爾維亞與戰神的雙生子。兩人推翻了篡奪阿爾巴朗格王位的叔公，讓祖父復位。但在創建新城羅馬的過程中發生齟齬，導致羅慕魯斯將雷慕斯殺死。

者，同時也是羅馬共和制度的制定者。盧梭相信的，是「政府創造人民」。先有聰明、智慧的人創造出一套民主規則，先有了實行這套民主規則的政府，慢慢地人民會在這個設計中轉變為民主的公民。曾經以「智者」身分受邀為科西嘉島設計憲章的盧梭[4]絕對無法想像、無法同意，以人民為主體來訂定民主的規約。

一七八七年訂定的《美國憲法》草案，「序言」中明白說《美國憲法》是由美國人民制定且確立的。在當時，這句話一半是陳述句，另一半是嚴格的規範。陳述句部分表白，「費城會議」的參與者，是美國人民的代表，不是出於自我意志與智慧，而是以美國人民的身分，表達美國人民的意志，訂定《憲法草案》的。這話規範的部分，則表明了《美國憲法》必須透過特定程序，交由美國人民來確立，才能生效。

We the People of the United States do ordain and establish this Constitution of United States of America.

這句話，不是用「費城會議」代表的口氣說的，因而在時態上，並不是《草案》書寫時的現在式，毋寧是未來式，要到美國人民「確立」了《憲法》之後，現在式才生效。

這一句「序言」的起草者詹姆斯・威爾遜[5]寫下「We the People of the United States」時，「We the People of the United States」其實還不存在，因為「United States of America」還不存在。「United States of America」什麼時候才存在?·當《美國憲法》獲得通過了，美利堅合眾國隨著這本憲法而成立了，這些人才隨而變成「美國人民」。美國人民制定、確立了《美國憲法》，使得美國存在，同時讓自己變成美國人民。這樣的循環程序，中間沒有矛盾，只是明確顯現了美國人民不假外求的完整主體性，他們創造了自己的國家，也創造了自己。沒有任何外力介入定義美國人民、規範美國。美國是絕對、徹底的美國人民的美國。

「費城會議」中訂定的《憲法草案》最後一條，第七條：

4 科西嘉曾短暫於一七五五年宣布獨立並制定憲法，但一七六八年被熱那亞共和國賣給法國，隔年便遭法軍佔領。

5 威爾遜（James Wilson, 1742-1789）是賓夕法尼亞州與會的八位代表之一。

The Ratification of the Conventions of nine States, shall be sufficient for the Establishment of this Constitution between the States so ratifying the Same.

本憲法經過九個州的制憲大會批准後，即在批准本憲法的各州間開始生效。

這一條呼應了「序言」，規範了「美國人民」、「美利堅合眾國」和《美國憲法》同時成形的方式。一共有十三個州簽署了《獨立宣言》，其中十二個州參與了「費城會議」擬定《憲法》草案，那麼需要幾個州的認同，來讓《美國憲法》正式生效呢？會議中經過了許多爭執，許多來回討價還價，一直到最後一天，才決定為「九州」。

《美國憲法》是無私與計較之間的產物

「費城會議」提交的草案中，在第七條之後，還有一段解釋整份文件來由的詞句：

Done in Convention by the Unanimous Consent of the States present the Seventeenth Day of September in the Year of our Lord one thousand seven hundred and Eighty seven and of the Independence of the United States of America the Twelfth In witness whereof We have hereunto subscribed our Names,……

在一七八七年九月十七日，透過與會各州的一致同意，完成了這份草案文件，在美國獨立的十二個州的見證下，我們（與會代表）在此簽名……

簽名中，列在最前面的是大會主席華盛頓，然後以新罕普夏、麻薩諸塞、康乃狄克、紐約、新澤西、賓夕法尼亞、德拉瓦、馬里蘭、維吉尼亞、北卡羅萊納、南卡羅萊納、喬治亞，也就是地理位置上由北到南的順序，列出了各州代表的名字。

《憲法》草案，建立在「維吉尼亞建議書」的基礎上，然而維吉尼亞州除了主席華盛頓之外，只有兩位代表簽名。[6]另外一個北方的大州紐約，只有漢彌爾頓一個人的名字簽在上面。九月十七日會議閉幕時，有些代表已經離開會

6 這兩位是麥迪遜與約翰・布萊爾（John Blair, 1732-1800）。

場，其中有不少是以缺席來表達對草案的不滿。就連留到閉幕的代表中，都有三人最終堅持不肯在文件上簽字。

這份草案形式上是得到了「與會各州的一致同意」，各州都列名支持，但絕對不是「與會代表一致同意」。許多代表反對，更多代表不滿意只是勉強贊成通過，但這份文件終究還是完成了。其中一項關鍵因素，就是這份文件不是《憲法》，還要經過各州制憲大會通過，那些反對、不滿意的代表覺得可以回到自己的州裡，在制憲大會上表態，阻止這份草案通過，不必要在草案會議上爭個你死我活。

換句話說，與會代表們，其實並不清楚自己做的事、自己參與訂定出的文件，究竟有多重要。他們不確定草案會通過，會真正成為《憲法》，還有，他們也尚未真確衡量出，這樣一部《憲法》能發揮多大的作用。

他們只是完成了草案，將草案送往各州。第七條規定：如果有九個州通過草案，《美國憲法》就成立，「美利堅合眾國」也就同時成立。但如果情況是九個州通過，另外四個州不接受，那麼原來的十三個州將要分裂為兩個國家？還是一個國家加四個獨立的州？還是其他更複雜的狀況？一七八七年九月，誰也不知道、誰也說不準。

事實上，一直到一七八九年四月，華盛頓當選並就任「美利堅合眾國」第一任總統時，納在他職權管轄下的，不是十三州，只有十一州。還有兩個州沒開完制憲大會。[7]

值得特別凸顯的，是《美國憲法》誕生過程不是那麼理所當然，《美國憲法》不是按部就班、順理成章產生的。

「費城會議」開到後來，會議的長度，給了與會代表原先沒有預期到的壓力。大家在會中充分討論，一而再再而三翻案重來，會愈開愈長，長到一定程度，也就很難結束這個會議走出來對外界說：「抱歉，我們沒有結論、沒有拿得出來的會議結果。」一百多天的時間裡，會議奇蹟般地保持閉門秘密狀態，無可避免刺激了外界的好奇與想像。從費城到北美各州，輿論、大眾的態度，從一開始的冷淡，變得愈來愈熱烈。

一定是討論夠重要的事，不然怎麼會開那麼久呢？開得愈久，顯示會議的

7 這兩個州是北卡羅萊納與羅德島。

重要性愈高。到後來，人人都認定這是個重要會議，與會代表就更沒有不交出結論的退路，而且好像除了拿出《憲法草案》之外，無法合理化會議的長度，也不可能滿足高漲的社會期待。

「費城會議」真是一個奇蹟，沒有人能預見這樣開會能得到那樣的結果。今天回頭檢驗史料，我們也都還是很難相信一份如此嚴謹的文獻，竟然產生於如此鬆散的會議過程。《美國憲法》條文是一場漫長、消耗性會議的產物。與會代表主要是出於疲憊、困倦，為了結束會議且不要引來更大批評壓力，而通過了這份文獻。他們已經累壞了，沒有辦法堅持更多自身的利益。結果產生了相對最平衡、最沒有各州各代表自私考量的條文。

很長一段時間，從這份文獻內容回推，美國史家、美國大眾將這些與會代表視為無私的英雄，以他們的人格、智慧、遠見成就了美國的大綱大本。這樣的看法，到了二十世紀初，受到了嚴格挑戰。美國史學界興起了一波來勢洶洶的「修正派」潮流。檢驗「費城會議」原始資料，顯示與會代表們明明就不是無私的聖人，發言討論內容明明就不全是處於公共考量的智慧之語啊！

「修正派」提出了徹底相反的論點，主張《美國憲法》根本不是高貴民主理念的產物，而是當時個人及集體經濟利益交錯角力的結果。每一條條文、每一項政體設計背後都有經濟利益上的動機。

又過了幾十年，經過更多更詳密的研究，我們有理由相信：這些代表既非無私的高貴英雄，也不是斤斤計較利益的小人，他們的真實面貌介於這兩者之間。而不管出於怎樣的動機與考量，他們訂定出的這套《美國憲法》，是不折不扣人類文明的重大里程碑。

認可憲法的過程是一種民主體現

《美國憲法》草案第七條的規定，再簡單不過。重點在規定了需要「九個州」的同意使《憲法》生效，卻對於各州如何召開制憲會議，要用什麼程序通過《憲法》，完全不提。仍然依循尊重各州獨立與自由的立場。

德拉瓦州是第一個認可《美國憲法》的州。接下來賓夕法尼亞州、新澤西州、喬治亞州和康乃狄克州，都快速、順利地通過了同意案。下一個召開制憲大會的，是麻薩諸塞州。麻州代表以一百八十七票對一百六十八票，極為接近的票數通過了接受《美國憲法》。然後馬里蘭州和南卡羅萊納州，又以比較安全的差距通過了。到此，加起來，已經有八個州同意了。

時間已經到一七八八年六月了。這個月，有兩個州召開制憲大會。一個是小州新罕普夏州，另一個是大州維吉尼亞州，也是「維吉尼亞建議書」的起源地。最後，新罕普夏是五十七票對四十七票，維吉尼亞州是八十九票對七十九票，幾乎同時通過了《美國憲法》。

九州的門檻越過了，「美利堅合眾國」正式成立了。隨後，反對通過《憲法》聲浪最高的紐約州，以三十票對二十七票，令人跌破眼鏡地同意加入。剩下來的兩個州很會拖，北卡羅萊納州延遲到一七八九年年底，才通過《憲法》同意案。最後一個州，當時就拒絕派代表參加「費城會議」的羅德島州，更是硬拖到一七九〇年年中，才正式參加其他十二州所組成的「美利堅合眾國」。

回頭檢驗「費城會議」的紀錄，羅德島州缺席其實發揮了很大的作用。主張應該成立一個更緊密、更有強制性的國家，應該給予新的聯邦政府較大權力的人，幾乎都特別舉羅德島州的行為作為例證。如果繼續維持「邦聯」式的鬆散組織，就等於鼓勵像羅德島州這種不合群態度，心中沒有集體的安危禍福，純粹只站在自私的立場我行我素。那麼小、人口那麼少，卻自以為是硬要扯別人後腿。與會代表對羅德島州的厭惡、批判，相當程度上讓《美國憲法》中規定的聯邦權力得以大幅擴張。

後來羅德島州遲遲不願召開制憲大會，在《憲法》草案送出將近三年後才做出決定，（表一）等於是坐實了當時那些人的疑慮，也就加強了「聯邦」應該取得對各州更高的管轄、強制權力的看法。羅德島州原本出於保護小州利益，反對大州對小州的壓迫，但其做法反而使得小州的獨立地位、自由決策更加難以維持。

看前面引用幾個州正反方的票數比，我們就知道，每個州開制憲會議的方式，都不一樣。選多少代表參加，代表如何選出，各州自行決定，不必跟別人一樣，也不必管別人怎麼做。正因為沒有一種現成的制憲會議模式，於是這兩、三年間，每一個州都被捲入了關於《美國憲法》的積極、熱鬧討論中。具體討論《憲法》內容前，先得對於如何開州的制憲會議進行設計，被動員起來關心《憲法》的人，迅速增多。

這樣的過程，等於是讓十三州的人民，重新認真思考、探問：我是怎樣的人？我和別州人民之間該有怎樣的關係？我究竟希望參與一個什麼樣的國家組織，作為其人民？我想要有怎樣的政府、怎樣的政治組織？

對美國憲法提出詮釋的《聯邦論》

兩、三年中，在這裡出現了人類政治思想上的大躍進。報章雜誌上刊登了各式各樣的政治意見、憲法主張，人口中很大比例在同一時間內關心政治、發表政治意見。這段集體政治思想的大

表一：十三州通過憲法的時間與票數

日期	州，票數
一七八七．十二．七	德拉瓦，三〇：〇
一七八七．十二．十二	賓夕法尼亞，四六：二三
一七八七．十二．十八	新澤西，三八：〇
一七八八．一．二	喬治亞，二六：〇
一七八八．一．九	康乃狄克，一二八：四〇
一七八八．二．六	麻薩諸塞，一八七：一六八
一七八八．四．二八	馬里蘭，六三：十一
一七八八．五．二三	南卡羅萊納，一四九：七三
一七八八．六．二一	新罕普夏，五七：四七
一七八八．六．二五	維吉尼亞，八九：七九
一七八八．七．二六	紐約，三〇：二七
一七八九．十一．二一	北卡羅萊納，一九四：七七
一七九〇．五．二九	羅德島，三四：三二

躍進中，留下了一份重要的見證文獻，那是由八十五篇文章組成的《聯邦論》（*Federalist Papers*）。

《聯邦論》出於三位作者之手，麥迪遜、漢彌爾頓和約翰・傑伊[8]。三人用一個共同的筆名——「Publius」，寫了這些文章。「Publius」是個拉丁字，意思就是「公眾」，表示他們代表「公眾」發言。八十五篇文章的共同意圖，在於影響、說服各州公民支持由《憲法》所代表的新國家、新「聯邦」。他們是「聯邦」制度最積極的擁護者，更是「聯邦」制度最清楚又最深入的詮釋者。

《聯邦論》這個書名回顧了當時的政治氣氛。贊成《美國憲法》的人被稱為「聯邦派」（Federalists），因為他們要讓美國離開「邦聯」，新組「聯邦」。反對《美國憲法》的人，則被稱為「Anti-Federalists」，「反聯邦派」。

《聯邦論》的八十五篇文章要告訴大家：為什麼要組織「聯邦」？「聯邦」有什麼好處？更重要的，是要解釋：為什麼不需要害怕、擔心「聯邦」會侵犯、剝奪各州的獨立與自由，更不會傷害各州州民的基本權利。

8 傑伊（John Jay, 1745-1829），代表紐約出席第一次和第二次大陸會議，戰爭期間出任西班牙大使、外交部長。《聯邦論》的三位作者之一，建國後的第一任首席大法官，第二任紐約州州長。

《聯邦論》是被《憲法》同意過程逼出來的文獻。麥迪遜等人帶著強烈的使命感，要努力說服各州州民在制憲會議中表現支持《憲法》的立場。所以他們必須盡可能詳細地解釋《憲法》設計的政治體制，還要真誠地面對一般人會有的困惑與疑慮，想辦法提出解決的說法。他們必須仔細說明：《美國憲法》和州憲之間的關係、聯邦政府與州政府之間的關係、各州州法與聯邦法律之間的關係、為什麼聯邦國會是兩院制不是一院制……等等問題。

可以這樣說，最早對《美國憲法》提出詮釋的，就是《聯邦論》。《聯邦論》的作者中有兩位是「費城會議」的要角，其中一位還是全勤參與者，因而很自然地，《聯邦論》會被視為最接近「制憲者」想法的文獻，以致發生對於《憲法》解釋的巨大爭執時，美國人都一直保留著翻查《聯邦論》來尋求解決的習慣。

例如二〇〇〇年高爾對小布希的選舉中發生了重大爭議，佛羅里達州的計票問題[9]使得選舉無法得到明確的結果，當時的新聞報導與評論中，大量出現了「founding fathers」這個名詞。一般我們翻譯為「開國元勳」，不過在這個討論脈絡下，實質指的是訂定憲法的那些人。要解決憲法爭議，其中一種應該嘗試的方式，是去理解當年訂定憲法的人的原意本意，而理解他們的想法與精神，其中一種應該採取的方式，就是認真閱讀《聯邦論》。

雖然相較於其他國家，美國的歷史很短；雖然看在我們眼中，覺得美國是個新到幾乎沒有歷史的國家，他們的特色之一正就是不受歷史的約束，不斷往前看，不斷棄舊創新。然而在一件事上，歷史在美國產生的約束力，巨大無比，近乎神聖，那就是理解《憲法》、解釋《憲法》。

《聯邦論》還有另外一項意義：這是最早討論民主現實運作的著作。孟德斯鳩、盧梭的作品，以及法國大革命和美國革命時期流傳的小冊子當中，有許多關於民主觀念與制度設計的探討，然而在《聯邦論》之前，從來不曾存在如此直接、迫切的條件，以具體實踐而非理念想像的方式，來看待民主。提供《聯邦論》背景條件的，就是呈現在美國人面前，等待他們決定要接受或拒絕的《美

9 二〇〇〇年美國總統大選戰情膠著，決勝點在佛羅里達州。共和黨布希在該州的普選票雖小贏民主黨高爾，但由於選票設計瑕疵，民主黨提出重新驗票的訴訟。在佛州最高法院作出有利高爾的判決後，共和黨陣營上訴聯邦最高法院。聯邦最高法院以五比四推翻佛州最高法院的判決，使布希取得佛州的二十五張選舉人票，最終以二百七十一：二百六十六擊敗高爾，當選美國第四十三任總統。

國憲法》。

今天，我們不可能離開《聯邦論》來談現實的民主。不管哪個國家、哪個社會，當然包括台灣在內，要建立民主，或要處理民主機制上的問題，無論是否自覺，討論的觀念、理路，乃至語詞，很多都來自《聯邦論》。而且，歷史實例證明，大部分時候依循《聯邦論》提示的方向，人們最容易找到能夠建構民主、讓民主正常運轉的道路。

憲法代表了「We the People」

十三州決定接受或否決《憲法》草案，不是透過「公投」。這是《美國憲法》訂定程序中的歷史限制。並不是每一個受到這部《憲法》約束的人，都有機會投票表達意見。

那麼大的一個紐約州，一共只有五十七個人真正在決議上投了票。百分之九十九的人，沒有機會投票。這是事實。但讓我們換另外一個角度，放在當時的歷史時空條件下，來了解《美國憲法》的民意基礎。

到一七八七年訂定《憲法》草案時，這十三個州都已經有了各自的州憲，也都已經成立了各自的州議會。也就是說，十三個州都已經舉行過州議會的民意代表選舉，也就都已經訂定了明確的州議會選舉辦法。沒有一個州開放全面的公民普選。每一個州都有從身分、年齡、性別、到財產多寡的種種公民資格限制。奴隸沒有投票權，太年輕的人沒有投票權，女人都沒有投票權，不能證明自己擁有一定財富的人也沒有投票權。

十三個州最終都開了「制憲大會」審查決議《憲法》草案。其中只有兩個州，是直接沿用原有的州議會選舉辦法，套用來選出制憲代表。其他十一個州，都慎重其事另外訂定了單行辦法規範制憲代表選舉。十一個州訂出來的特別辦法中，有八個州明顯放寬了投票限制，也就是說，有資格投票選舉制憲代表的州民，比原先有資格投票選州議員的，要來得多。八個州中都有為數不少的人，不具備投票選舉州議員的資格，卻被賦予可以投票選擇制憲代表的權利。

放在當時的背景下，這個現象非同小可。因為《憲法》草案「序言」一開頭便標舉「We the People of the United States」，明確地凸顯了《憲法》是由「人民」來訂定的，刺激許多人不得不面對「人民」的定義問題。州議會選舉選出來的，是「代表」。他們代表這群人或那群人來行使立法決定權。能被他們「代表」的，首先需要是值得被「代表」的人，也就是被認為有能力有權利做出清醒、智慧決定的人。小孩、女人、沒受過教育的人、在社會上沒有財產沒有地位的人，都不被認為有能力有權利進行公共思考，做出公共決定。所以他們沒有資格選舉「代表」，這些議員們本來就沒有要「代表」他們。

但《憲法》不一樣。制憲所需的，不是那樣的「代表」，而是「We the People」的意志表現。這樣的字句、這樣的觀念，讓人意識到：如果不能在當下時空環境限制下，盡可能開放投票權，就無法做到趨近、實現「We the People」的意志。如此而種下了一個不時蠢蠢欲動的苗芽，策使美國政治制度不斷放寬公民選舉權範圍，不斷解除投票權限制。在民主的實踐上，以「We the People」為主體的政治信念中，放寬、解除投票資格限制，從此被視為正面、進步的發展。

從邦聯的「They」到聯邦的「We」

前面引用的「序言」，認真計較，不是《美國憲法》真正的開頭。在「序言」

之前，還有標題：「THE CONSTITUTION OF THE UNITED STATES」。兩百多年來，太多國家都通過、建立了自己的「憲法」，給了我們一種對於「憲法」的熟悉，以至於往往忘了要探問：「憲法」，CONSTITUTION，究竟是什麼？

《美國憲法》的前身，後來被《美國憲法》取代的，是《邦聯條例》，Articles of Confederation。由「費城會議」起草的《美國憲法》，一共包括七條，這七條，其原文就是從「Article I」排到「Article VII」。換句話說，這份文件的實質內容，也就是「Articles of the United States」。原本管轄「邦聯」的條款，被後來管轄「聯邦」的條款給取代了，這樣豈不是理所當然？為什麼這份文件沒有沿襲「Articles of……」的標題，而是改稱「Constitution」？

選用這個字，明顯受到了盧梭的影響。盧梭曾經為波蘭[10]和科西嘉島訂定立國大法，他採用的名稱，就是「Constitution」，憲法。在盧梭的著作中，清楚定位：「Constitution」，憲法，是規範主權的。

盧梭的政治理論中，認為「主權在民」的落實，就在人民的立法權。過去

10 這部在一七九一年五月三日由波蘭—立陶宛國協的國會所通過的憲法，是世界上第二部成文憲法。第一部就是美國憲法。

是依照君王或少數人的意志，決定要組怎樣的政府，決定政府與人民之間應該要有怎樣的關係。新的「主權在民」的國家，政府的組織、政府與人民的關係，是由一套站在人民立場的根本大法所規範，不受君王或少數人主觀意志所左右，如此才能保障人民的主權。

每一個人，不管什麼身分、什麼位子，都只能依照這套規範擁有權力、行使權力。這是「主權在民」最主要的檢驗標準。十八世紀，盧梭的思想、學說，在北美洲有很大的影響。最早採用盧梭式「Constitution」定義的，是北美殖民地訂定的自治條款，這些條款後來陸陸續續轉型為獨立後的各州州憲。

一七七六年獨立後，原來的殖民地轉型為具備有主權意義的州，所以各州有其實現「主權在民」的「Constitution」。因為主權在州，州是獨立、自主的單位，所以在理論上，只是各州鬆散聯合的「邦聯」，不具備主權意義，也就不會有憲法，「Constitution」。

今天我們理所當然將「state」譯為「州」，理所當然將「state」視為美國國家整體中的一部分，然而從一七七六年到一七八九年的歷史現實卻絕非如此。真實的狀況是，雖然一路維持叫做「state」，這個政治單位的意義，在一七八九年之後已經徹底改變了。

一七八九年之前，「state」的性質比較接近主權國家，而「邦聯」也就比較像是「歐盟」，甚至「歐盟」前身「歐洲共同市場」式的組織。主要由各邦聯合組成，目的在解決各邦間的合作與衝突問題，但這個組織並不具備任何越過邦政府，直接規範、統轄邦內人民的權力。毫無疑問，主權在「state」，所以各個「state」會援引盧梭的理論，訂定各自的「憲法」。

《邦聯條例》符合這種主權在「邦」，「state」的現實。然而一七八七年「費城會議」通過的文獻，卻不再局限於這樣的現實，動用了具備主權意義的「憲法」，賦加在新成立的「聯邦」上。依照這個名字所顯示的，「聯邦」是有主權意味的組織，如此一來，「聯邦」的主權，勢必和「州」的主權處於緊張狀態。原本只有「state」有「Constitution」，現在州有「憲法」，「聯邦」也有「憲法」，兩種憲法形成什麼樣的關係呢？

「費城會議」的原始宗旨，比較像是要訂定一套類似APEC般的國際貿易協定，讓十三個獨立且自由的「邦」能夠加強商業、貿易合作，去除不必要的壁壘阻礙。然而「費城會議」開完，拿出來的卻不是一份外交、國際協定，而是和各「邦」搶奪主權的《憲法》。

如此變化，非同小可。各州要行使的同意權，不是單純同意接受一份新的各邦合作協議，而是讓渡原本屬於「state」的主權，讓渡給新成立的「聯邦」，創造出泯除「state」主權界線的「We the People of the United States」，也就是創造出新的政治主體來。

「We the People」明白否定了原本以「state」為單位的政治組織原則。這個「We」，直接指涉了跨越「state」界線的人民結合，簽署了《美國憲法》之後，原本被各個州憲主權分隔開，彼此視為「they」的人，就在新的「聯邦主權」下，變成了「We」。

《邦聯條例》成立的主體，頂多是「We the States」，我們這些州彼此同意組成「邦聯」;《美國憲法》則跳過了「state」，直接訴求於「We the People」。儘管沒有表現在名稱上，「state」還是「state」，「州憲」還是「州憲」，然而骨子裡，一旦《美國憲法》通過了，「state」就從「邦」降格為「州」，「州憲」也就相對失去了原有的主權地位。

「更完美的聯盟」到底長什麼樣？

「序言」中這樣說：「We the People of the United States, in order to form a more perfect Union,……」這裡的「Union」是集體組織的泛稱，而接下來的分段子句，就是在形容這新的組織如何「更完美」。

「費城會議」中，代表們花了很多時間討論怎樣是「more perfect Union」。雖然最終並沒有對於「更完美的聯盟組織」做出明確的決議，討論的內容卻毫無疑問已經在與會代表心中留下了明確的答案。

討論中多次提到沒有多久前發生在英國的事。在中文裡，說到「英國」，其實是將兩個不同的專有名詞混雜在一起，「Great Britain」是「英國」，「England」也是「英國」。但這兩個名詞，並不是完全等同的。「英國航空公司」的原文不會叫「England Airway」或「English Airline」，而是「British Airway」。理由很簡單，「Great Britain」比「England」來得大。「England」是「Great Britain」的核心區域，但不是全部，「Great Britain」除了「England」之外，還有「Wales」（威爾斯）和「Scotland」（蘇格蘭）等其他地區，加起來才是「Great Britain」。

而「Great Britain」，大不列顛，這個名字是在一七〇七年正式成立的。那一年，英格蘭、蘇格蘭和威爾斯三個王國聯合起來，組成了大不列顛這樣一個大王國。

一七八七年討論「更完美的聯盟組織」時，在費城開會的這些人，很容易想起一七〇七年發生在「英國」的事。「聯邦派」的兩位代表人物，北卡羅萊納州的薩繆爾．約翰斯頓[11]，和賓夕法尼亞州的詹姆斯．威爾遜，都出生於蘇格蘭。他們的父祖輩，實際經歷過大不列顛的組成。他們了解一七〇七年的聯合王國組織，產生了什麼樣的效應。在他們眼中，英國的強大，正就是這次聯盟所促成的。

看英國的例子，從蘇格蘭移民來的約翰斯頓和威爾遜強烈主張：北美洲要建立的新聯盟，應該仿效一七〇七年英國的前例，要有一個共同的領袖，而且要是恆久的結合，不是臨時的合約，不會過期失效的。

《美國憲法》的「序言」，就是由威爾遜提筆寫就的。在寫下「more perfect Union」時，他心中想的應該就是發生在英國的前例，在價值判斷上，明顯傾向於讓「聯邦」凌駕於各州之上，藉由創造「We the People」，將主權從各州轉移到「聯邦」。

威爾遜屬於「聯邦派」，期待看到更大更強的「聯邦」。會中相對有另一股「州權派」的勢力，致力於維持各州原有的獨立地位與權力。《美國憲法》是這兩股勢力反覆衝突、折衷、調和、妥協所產生的結果。

「聯邦派」追求「more perfect Union」，認為聯盟、聯合是好的；「州權派」則高度珍惜得來不易的獨立與自由，對聯盟、聯合抱持懷疑態度，只願意在安全、繁榮考量下，進行最有限的聯盟、聯合。兩種相反的價值觀，誰也說服不了誰，誰也壓倒不了誰，如是談判產生的《憲法》，必然游移於中央集權和地方分權之間。

清楚可見的例證：「聯邦」有了自己的《憲法》，取得了「We the People」所賦予的主權。但《美國憲法》不能取消各州州憲，只能在第六條規定，各州州憲若有和聯邦憲法牴觸者無效。從盧梭一脈相承的政治理論來看，等於是美

11 約翰斯頓（Samuel Johnston, 1733-1816），獨立戰爭期間擔任北卡羅萊納代表出席大陸會議，一七八七至八九年間選上第六任北卡州長，強力推動通過美國憲法，但在八八年的第一次制憲大會遭到否決，到了八九年的第二次才通過。

國有了兩種位階的雙重主權，州和「聯邦」都擁有主權，都有規範主權形式的「Constitution」。

《美國憲法》是聯邦派與州權派妥協的結果

「費城會議」中，「聯邦派」與「州權派」一直相持不下。擔任主席的華盛頓多次在日記中表現悲觀沮喪，認為會議即將破裂，開不下去了。一直到八月底，會都開了快一百天，會中卻很少有人相信能夠形成會議結論，更沒有一個人有把握預見會議結論將長什麼樣。

閉會之前十多天，局面突然急轉直下，結論一條一條出現，還真是個奇蹟。本來各自認定絕不妥協、無法妥協的兩派都妥協了。從七月開始，先是費城的報紙，接下來十三個殖民地的報紙，陸續出現了關於這個會議的報導。實際上每位代表都信守保密原則，記者無從知道會場真實的僵局狀況。於是記者寫出來的猜測，幾乎都比實況要來得樂觀。

代表們不能提供消息給報紙，但他們一定會看報紙如何報導這場會議。到了八月，會場上已經可以明確察覺到外界猜測所帶來的效應。與會代表對會議進度與外界預期之間的落差，愈來愈感焦慮。進而，外界的猜測反過來影響、引導了會場內的討論方向與方式。

在他們自己都還不知道會議結論長什麼樣子時，外面已經對他們可能拿出來的結論進行爭議了。這種氣氛創造了讓「聯邦派」和「州權派」放下身段進行妥協的契機。而且，不可思議的保密此時又發揮了功能，外面沒有人知道這些代表在會中曾經站在什麼立場說過什麼話，他們個人也都不曾因為在會中的立場與發言而得到過掌聲或批評，所以要轉彎要改變，相對就不會有那麼大的壓力了。

之前沒有對外表態的需要，這時也就沒有維持既有立場的面子問題，也不用擔心會被罵作叛徒或牆頭草。拿掉了這些外在的不可控制因素，要達成妥協就容易多了。

《美國憲法》處處都留有兩派相持後妥協的痕跡。前面引用過的第七條，即最後一條，也是妥協後的結果。為了尊重「州權派」立場，《美國憲法》仍然是以州為單位來確立的，並以九個州同意為門檻。但「聯邦派」相對爭取到了要求各州必須召開特別的「制憲大會」，而不能交由現有的州議會來表決同意或不同意。《憲法》同意案，不是州內立法，而是人民意志的表達，雖然透過各州中介，但至少要特別將「聯邦」當一回事好好討論、好好考慮。這件事不在原有的州主權範圍內，所以不能涵納在州既有的政治運作中。

「州權派」和「聯邦派」的角力，還包括計較用什麼樣的開會方式，能得到自己希望的結果。「聯邦派」認為如果由既有的州議會投票，州議員們很自然不會希望看到自己之上有一個層級更高、權力更大的國會，對州議員有影響力的州長八成也不想看到有了聯邦總統之後自己被實質降等的情況，這使得《憲法》草案要獲得通過，險阻重重。「聯邦派」雖爭取到跳過州議會、州政府，另選代表召開「制憲大會」的形式，但他們不得不在另一方面做出讓步，那就是完全開放給各州自行決定「制憲大會」的開會辦法。「州權派」覺得可以在州內控制「制憲大會」的組成和程序，所以才願意接受每州必須另行召開「制憲大會」的條件。

第三章

三權分立是最好的系統

盧梭理想中的政治制度，是精選的結果，一點也不純粹。
他的最佳組合是：以民主制作為立法權的原則，
以君主制作為行政權的原則，以貴族制作為司法權的原則。
而這樣的想法普遍為「費城會議」與會代表所熟知，甚至所信奉。

三權分立不是民主至上

《美國憲法》第一條，是全文七條中最長的一條。其中一共分為十款。

第一條第一款：

All legislative Powers herein granted shall be vested in a Congress of the United States, which shall consist of a Senate and House of Representatives.

本憲法所規定的立法權，全屬合眾國的國會。國會由一個參議院和一個眾議院組成。

《美國憲法》第一條，開頭第一句是：「本憲法所規定的立法權……」；《美國憲法》第二條，開頭第一句是：「行政權力賦予美利堅合眾國總統……」；《美國憲法》第三條，開頭第一句是：「合眾國的司法權屬於一個最高法院以及國會隨時下令設立的低級法院……」。三條分別規範「立法」、「行政」、「司法」，明白顯示了「三權分立」的架構。

而這三權的排序，是先「立法」再「行政」再「司法」。今天美國知名度最高的人，感覺上最有權力的人，是美國總統。台灣絕大部分的人知道美國總統是歐巴馬，相對地一百人裡面大概找不到一個知道美國國會議長是誰。然而我們的印象，和《美國憲法》的設計，並不相符。承襲自孟德斯鳩、盧梭的政治理論思考，立法權才是首要、最高的權力。人民主權主要透過立法權來實現。

現在我們將「三權分立」看作是民主的要件，看到「三權分立」就想到民主。然而退回到孟德斯鳩、盧梭的時代，他們並沒有覺得民主就必然是最好的政治制度。孟德斯鳩和盧梭討論政治制度的方式，都是分析各種不同制度的利弊得失，進而建議什麼樣的社會適用什麼樣的制度。獨裁沒有比君主好，君主也不見得比民主差。關鍵不在從獨裁、君主、民主中選出一個最好的制度，而在衡量不同的現實條件，給不同國家、不同社會配上不同的制度。

尤其孟德斯鳩，他絕對不是「民主主義者」，他的名著《論法的精神》對民主的發展有極大的影響，但這本書絕對不是為了提倡民主而寫的。《論法的精神》最精采的部分，是比較政府論。孟德斯鳩的基本態度是：這個世界上沒有一套放諸四海皆準的政府組織方法。要考慮人口多寡、地理位置、國家處境、既有的傳統等等因素，予以分析比較，找出最適合的方法來組成政府、行使權力。

關於政府好壞，孟德斯鳩沒有簡單的答案。他的看法永遠都是：如果有這樣的條件，在這樣的環境下，那我們應該朝向這個方向來尋找適合的政府型態。

盧梭遠比孟德斯鳩來得強悍，也有更固執的主見。他從人類歷史的政治經驗中，選出了不同元素，組合成一套理想中的政治制度。這套制度之所以最好，正因為它不純粹，是精選的結果，既不是單純的獨裁、不是單純的君主，也不是單純的民主。

盧梭認為的最佳組合包括了：以民主制作為立法權的原則，以君主制作為行政權的原則，以貴族制作為司法權的原則。這樣的想法普遍為「費城會議」與會代表所熟知，甚至所信奉。

會中討論行政權時，多次有代表提出以「有任期的君王」作為總統角色的最佳描述。甚至還有代表，包括漢彌爾頓，不覺得總統需要有任期。只要立法權握在人民手中，總統只能依照人民訂定的法律行事，為什麼需要管總統當多久？為什麼需要擔心他變成君王？對他們來說，民主實踐、貫徹在立法權上，就已經足夠了。

中文譯作「貴族制」，在英文中是「aristocracy」，真正的意思是少數菁英統治。立法權應該讓盡可能最多的民意參與，然而管轄既定法律的司法權，相對卻應該由少數專業人士來處理。司法判斷是非，必須擺脫民意與社會情緒，訴諸冷靜且一致的菁英智慧。

兩萬人在臉書上要求將一個罪犯處以死刑，重要嗎？依照《美國憲法》的精神，不重要，而且不該被當作重要的事。這兩萬人，甚至二十萬人，沒有認真研究過刑法條文，沒有翻查過判例，更沒有關於案情的第一手了解。他們的判斷出於情緒、出於傳聞，愈多人一窩蜂表達同樣的司法意見，意味著其中純粹情緒反應的人數愈多，那就愈不該影響司法。研究條文、翻查判例、第一手了解案情，都需要專業訓練與累積經驗，有這樣的訓練與經驗背景的人，才有權利從事司法判斷，所以司法應該遵循菁英的原則。

那兩萬人、二十萬人的意見都不算數嗎？如果真的有那麼多人在意這件事，他們應該做的，不是指導司法，而是動用他們身上具備的至上權利——人民主權，去訂定法律。立法權屬於人民，然而一旦成立了的法律，就轉給菁英、專業的司法人員負責管理，這是三權分工。

《美國憲法》本質上是一部民主憲法，然而在三權精神的設計上，卻刻意凝聚了不同制度的優點，結合了民主、君主和貴族菁英三種制度的原則，創造出一套最好的系統。

不叫「Parliament」是為了減低聯邦帶來的衝擊

《美國憲法》第一條第一款原文中有三個重要的名詞，「Congress」、「Senate」和「House of Representative」。

「Congress」譯作「國會」，看起來就是堂皇的立法權所在機構。但放回一七八七年的歷史環境，尤其考慮到美國和英國的密切關係，我們應該注意到有另外一個現成的字，竟然沒有被選上。今天我們說「英國國會」，在英文裡不會用「Congress」，而是用「Parliament」。「Parliament」早就存在，而且英國的「Parliament」也有兩院，上議院和下議院。更重要的，美國革命的關鍵起因，就在於爭取殖民地應該要能選舉國會議員進入「Parliament」，卻遭到母國英國強悍地拒絕了。美國革命的重要口號，是「No Representative, No Tax!」——沒有代表就不繳稅！口號中的「代表」，指的就是代表北美人民進入英國「Parliament」的議員。

很奇怪，不惜革命力爭選舉議員進入「Parliament」，等到革命成功了，要將十三州結合在一起成立新國家，《美國憲法》卻跳過了「Parliament」，將新的聯邦國會命名為「Congress」。

「Congress」這個名字怎麼來的？這個字承襲自《邦聯條例》，《邦聯條例》中規定的「邦聯」最高權力中心「各州代表會議」，就叫做「Congress」。「Congress」這個字給人的感覺，不過就是比較慎重些的會議，但仍然是會議，不是常設機構。所以沿用「Congress」，是為了降低「聯邦」可能帶來的衝擊，讓各州認為「聯邦」和「邦聯」之間沒有太大的差別，還有，不要讓人直覺認為要將北美變成一個新國家，並取消各州獨立性，所以就投下反對票。用「Congress」而不用「Parliament」有這種安撫各州的障眼考量。

所以美國國會分為兩院，但不模仿英國國會用「上議院」和「下議院」，而是改換不同的名稱。一院叫做「Senate」，另一院叫做「House of Representatives」，中文譯作「參議院」與「眾議院」，比英文原文要來得簡潔而合理。原文中，兩院的名字沒有關聯規律，命名法完全不一樣。

英國的「Parliament」這個字是從法文「Parle」衍生出來的。「Parle」作為動詞，就是說話、討論的意思，讓人說話的一個特別場所，就是「Parliament」。怎麼樣特別？《美國憲法》第一條第六款明確保留了這項特別之處：「兩院議員在議院內所發表之演說及辯論，在其他場合不受質詢。」這是一個議員可以自由說話，不受追究、免於因言賈禍的場所，所以叫做「Parliament」。能夠有資格在這個場所說話的人，所說的話只需在場內負責，離開會場，沒有人能拿他在這裡說過的話怎麼樣。

英國，甚至全人類的民主，靠這項條件得以有初步的基礎。兩種人有資格在這個特別的說話場所說話。一種是憑藉其貴族身分取得資格，那是「House of Lords」，上議院。另外一種是從選區選出來，代表選區人民而有了資格，那是「House of Commons」，下議院。

參眾兩院各有各的功能與性格

英國國會從字源到名稱到作用，都是一致的。反觀美國國會呢？國會的全名取了一個不稱頭的「Congress」，「Congress」底下的兩院，連命名原則都不統一。一個院是以機構為主，叫做「Senate」，屬於「Senate」的議員，叫做「Senators」。可是另外一院卻倒過來，先有了議員「Representatives」，才將他們開會的機構稱為「House of Representatives」。

如此命名，並非不小心、疏忽的結果。而是要讓人家一眼就發現，這兩院，雖然共同組成國會，但各有各的功能、各有各的性格，不能也不該被混為一談。「Representatives」是所有人民的代表，「Senators」則是各州的代表。

第一條第二款：

> 眾議院應由各州人民每兩年選舉一次之議員組成，各州選舉人應具有該州州議會人數最多之一院的選舉人所需之資格。

對照看第一條第三款的開頭：

> 合眾國的參議院由各州州議會選舉兩名參議員組成之。參議員的任期為六年，每一名參議員有一票表決權。

「眾議院」和「參議院」的組成，完全不同。「眾議院」依照人口比例選出，有一定數目的人口，就選出一名「眾議員」來。人口多的州，選出的「眾議員」就多；人口少的州，相對選出的「眾議員」就少。但不管大州小州，每個州都固定選出兩名「參議員」。美國最大的州，加州，面積四十二萬三千八百平方公里，人口有三千八百萬，選出兩位「參議員」；美國最小的州，羅德島州，面積四千平方公里，人口一百萬，也同樣選出兩位「參議員」。但在「眾議院」，有五十三位「眾議員」從加州選出，只有兩位從羅德島州選出。

一定的人口選出一位「眾議員」，「眾議員」的任期只有兩年，只有我們立法委員任期的一半。不過用當時北美各州的標準看，兩年任期還算長的。各州除了北卡羅萊納州下議院議員有兩年任期之外，其他六個州任期一年，另外六個州任期甚至短到只有半年。

為什麼訂那麼短的任期？傳統上，英國的議員是沒有任期的。遲至一九三〇年代，英國才建立了成文化的議員任期制。十八世紀時，英國下議院議員一般都在位子上一坐就坐很久。英國歷史上有一個專有名詞，叫「長議會」(Long Parliament)[1]，那是十七世紀時，有一段長達十三年的時間由同一批議員反覆開會，沒有改選。為了避免再有類似的「長議會」出現，十八世紀遂有了不成文的「七年慣例」，每七年改選一次，然而不見得每次都嚴格執行。

北美殖民地當時對這項制度極為不滿。他們批評英國議員和人民脫節、失去了代表性，更無法忍受英國竟然拒絕讓殖民地選出自己的議員去參與國會運作。有這樣的記憶背景，各州對議員的代表性格外敏感。他們相信縮短任期是讓議員不至於和民意脫節的最好辦法。

「費城會議」討論時，考慮要集中各州代表開會，最北到新罕普夏，最南到喬治亞，有交通上的現實限制，所以才訂定了兩年的「長」任期。

第二款中規範了選舉人的資格。那個時代，每一州對於選舉人資格的規定不一樣，《憲法》不能不理會各州規定，強行訂定一套統一的辦法。但《憲法》也不能放任各州各自為政，喪失了「聯邦」的立場與意義。於是妥協折衷之後，就規定各州不得刻意限縮聯邦眾議員選舉人範圍，只要能擁有選舉州議員的權

1 這屆國會於一六四〇年召開，以解決查理一世的戰爭債務。但隨後英國內戰爆發，查理一世被推翻並砍了頭，英格蘭成立共和國，直到克倫威爾於一六五三年擔任護國公，才把這屆國會給解散。

利，就有資格選舉聯邦眾議員。如果州議會有兩院，兩院選舉人資格不同，那就用比較寬鬆的那個標準，作為選舉聯邦眾議員資格的標準。

實質上，聯邦眾議員在州中，至少擁有和州議員同樣的民意基礎。而且是和民意基礎較高的那院議員有著同樣的民意基礎。如此才不至於讓人覺得聯邦眾議員可有可無，各州也不能藉由在選舉資格上動手腳，刻意弱化「聯邦」在州中的影響力。

針對這項選舉人資格規定，一八六八年通過了《憲法》第十四條修正案，給予所有的公民都能夠投票選舉聯邦眾議員的權利。

「參議員」的選舉方式，也和「眾議員」不同。「眾議員」由擁有投票權的人直接選舉選出；「參議員」採取的卻是間接選舉，由州議會議員選出。這兩席「參議員」是代表州的，所以就由已經被授權代表州民的州議會來選舉。

原先《邦聯條例》中規定來開「邦聯代表會議」的代表，就是由州議會選出的。新的《美國憲法》沿用這項間接選舉辦法，仍然是為了顯示尊重州權。但《憲法》中的「參議員」和《邦聯條例》的州代表，有著關鍵的差別。

一項差別是每州固定選出兩名代表，不像「邦聯」代表，各州高興選幾個就選幾個，而且：「每一名參議員有一票表決權。」「參議員」雖然由州議會選出，但他是以個人獨立身分參與「聯邦」立法。州議會只能決定人選，不能左右選出來的「參議員」如何投票。如果「參議員」應該聽命於州，那麼兩位「參議員」表決時應該總是一致投票，不需每人各有一票表決權。原來的「邦聯」之所以不規定各州選派幾位代表，因為投票時每州只有一票，是以州為單位來形成決議。《憲法》撤走了以州為單位的立法機制，在精神上「參議員」是代表州民，而不是代表州來參政、來投票的。

所以到了一九一三年，《美國憲法》第十七條修正案，取消了原來的間接選舉辦法，將「參議員」選舉也改為公民直接投票產生，如此就更符合「參議員」代表州民，而不是代表州的憲政立法精神了。

被譯為「參議院」的這個字「Senate」，源自羅馬歷史，一般譯作「元老院」。選用這個名字，是為了給這些人較高的地位。由州選出來的「參議員」扮演指引「聯邦」的導師角色，提供菁英的智慧建議。雖由州議會選出，但他們的地位，他們獲得的榮崇，遠高於州議會、州議員。

參眾議員的資格限制

仍然是《美國憲法》第一條第二款：

凡年齡未滿二十五歲，或取得合眾國公民資格未滿七年，或於某州當選而並非該州居民者，均不得任眾議員。

第一條第三款：

凡年齡未滿三十歲，或取得合眾國公民資格未滿九年，或於某州當選而並非該州居民者，均不得任參議員。

這是規範被選舉人資格的條文內容。《美國憲法》對於國會議員資格訂定得相對寬鬆。只要滿二十五歲、三十歲，成為公民七年、九年，就可以擔任「眾議員」和「參議員」。沒有財產限制。這樣的條件，在很多州甚至還不足以擁有投票權。換句話說，很有可能出現一種情況：由州議會選出的「聯邦參議員」可能並不具備參選州議員的資格。

《憲法》規定「聯邦參議員」由州議會選出，但並不表示要從州議員中選出「聯邦參議員」。很有可能州內的一個老師、一個牧師，手頭上沒有足夠的財產能夠取得參選州議員的資格，但因為他的聲望很高，得到了州議會許多議員的支持而將他選為「聯邦參議員」，於是沒有資格選州議員的人，卻一躍獲得了明顯比州議員要來得高的政治身分、政治地位。

在那個時代，這是一項進步的安排。其象徵意涵是：即便在州內因為種種理由（主要是財產未達標準）而無法取得公民權的人，「聯邦」都不會拒絕他們來提供智慧，做出貢獻。

「眾議員」和「參議員」都有最低年齡限制，這是針對英國國會弊病而來的規定。英國歷史上最年輕的首相，是一七八三年就任的小皮特[2]。那一年他二十四歲。稍早，三年前，他二十一歲時就當選了國會議員。

小皮特是個早慧的政治天才嗎？二十一歲就當上議員，二十四歲就當上首

2 小皮特（William Pitt the Younger, 1759-1806）在英王喬治三世時期擔任過兩次首相，第一次從一七八三年至一八〇一年，第二次從一八〇四至〇六年去世為止。他最重要的政績是領導英國對抗大革命的法國以及拿破崙。

相，打破了英國政治史的紀錄？嚴格說，不是，他得以在英國政壇快速崛起，關鍵在他的名字「William Pitt the Younger」。他是「小威廉．皮特」，就意味著有一個「老威廉．皮特」（William Pitt the Elder）。他的爸爸「老威廉．皮特」[3]也曾經當過首相。「老威廉．皮特」在英國政壇打混多年，閱歷豐富，人脈廣泛，所以能把兒子早早推到高位上。

這件事給美國人留下了深刻印象。「費城會議」中的代表對這件事記憶猶新，選擇採取了不願讓類似的事情發生在美國的態度。真正的民主制度中，不應該有政治世家，不應該有父傳子的政治勢力與政治地位。

依照英國的經驗，年紀輕輕就能在選舉中脫穎而出的，幾乎毫無例外，都是受到家世的庇蔭。年紀愈輕，在政治競爭上，家世的影響就愈大。明訂最低年齡，就是為了降低家世背景的作用。同為二十歲的年輕人，沒有家世背景的幾乎絕對沒有機會在政壇崛起，和有背景的天差地別。然而多給他們五年努力的時間，沒有背景的會多一點機會拉近和人家在起跑點上的差距。

這項年齡限制的確有意義、有作用。「聯邦國會」成立的前十年期間，三十到三十四歲當選「參議員」的人，其中百分之四十有親人、長輩也擔任國會議員。相對地，三十五歲以上當選「參議員」的人，其中只有百分之十五有親人、長輩也擔任國會議員。在「眾議員」方面，三十二歲以下當選者，具備特殊家世關係的，是其他三十三歲以上才當選者的三倍。這項比較數字清楚顯現了——年紀愈輕就出頭的政壇人士，愈有可能是受到家族庇蔭的。

還有，英國有很多「不在地議員」，長期受到詬病。這種人在這個地方有地產、房產，有影響力，可以得到足夠選票當選議員。但他根本不住在選區裡，對選區不熟悉不了解，要如何代表這個選區的居民來行使權力、爭取福利呢？英國還有「幽靈選區」——時移事往，已經沒落的鎮區，住戶幾乎消失了，卻還留著選區，一屆又一屆選出同樣的議員。

所以《美國憲法》中有關於「實際人口調查」的明白規範。第一條第二款：

實際人口調查，應於合眾國國會第一次會議三年內舉行，並於其後每十年舉行一次。其調查方法另以法律規定之。

3 老皮特（William Pitt the Elder, 1708-1778）自一七六六至六八年間擔任英王喬治三世的首相及掌璽大臣。皮特家族的祖父靠鑽石致富並進軍國會，父親與兩位叔叔也都是國會議員。為了出任掌璽大臣，老皮特受封為查塔姆伯爵。但這個爵位並沒有傳給小皮特，因為他是老二。

這就是為了確保每一位「眾議員」都有非常明確的選區基礎，也要確保每一個選區的人口數，不至於因為時間變化而有太大的差異。人口調查的結果，用於選區重劃，保證每個選區的實際人口數都能大致相等。

憲法上如此規定，所以至今美國只要逢「〇」年，就會進行一次人口普查。[4]美國沒有戶口制度，對美國人來說，戶口制度侵犯了隱私權，也侵犯了遷徙自由，他們無法接受。因而要統計人口，就只能用普查的形式，動用大批工作人員，挨家挨戶進行調查記錄。每次普查結束，「聯邦眾議員」的選區，就依照新出爐的普查結果，予以調整。

眾議院應該複製美國的組成元素

《美國憲法》第一條第二款中，還有一部分是按照一七八七年時的狀況，規定各州選出的「眾議員」人數。[5]十三州中，分配到最多席次的，是麻薩諸塞州和賓夕法尼亞州各八席；最少的，是羅德島州和德拉瓦州各一席。全部加起來，一共是六十五席。

這樣的數字，在各州審差過程中，引起了不少爭議。焦點在於：這麼一點人，足以代表十三州的人民嗎？一旦要問能還不能「代表」，連帶地也就必須討論，究竟什麼是「代表」？「聯邦眾議院」的原名「House of Representatives」，直譯的話是「代表院」。「代表」的邏輯、「代表」的組織是什麼？

「參議院」的組織，是以州為基礎，很容易理解，也很容易執行。但「代表」呢？約翰．亞當斯提供了一項「代表」的原則，影響、決定了後來「聯邦眾議院」的組織與運作。他的主張是：由人民選出代表組成的「聯邦眾議院」，應該要是一個具體而微的美國。美國由什麼樣的人組成，「聯邦眾議院」就應該盡量複製同樣的組成元素。

因而，「聯邦眾議院」選舉，不是我們傳統「選賢舉能」概念所能涵蓋的。並不是由最好最有能力最有道德的人，來組成最像樣、最足以發揮功能的「聯邦眾議院」。理想的「眾議院」，不應該是由一群智慧超高、個個具備政治理想、

4 美國獨立後的第一次人口普查在一七九〇年，至今已經舉行二十二次，最新的一次在二〇一〇年。

5 眾議員的數目，不得超過每三萬人口有眾議員一人，但每州至少應有眾議員一人。

都有崇高品性的人組成。理想的「眾議院」裡，所有議員的平均智力，應該約略等於全國人民的平均智力；所有議員的平均道德水準，也應該約略等於全國人民的平均道德水準。

「眾議院」要選的，不是智者，而是「代表」。智者、能者、德者，正因為在智慧、能力與道德上超越一般人，以致不會有足夠的「代表性」。什麼樣的社會，產生什麼樣的「代表」。一個多元的社會，就應該有多元的「代表」來組成「眾議院」。

這是在《憲法》形成過程中，連帶產生的重要民主理念。民主和「菁英」是有緊張、乃至矛盾之處的。「眾議院」代表人民行使最關鍵的主權——立法權，所以「眾議院」的組成必須最接近人民整體。「眾議院」應該是個抽樣的概念，而不是萃取。每一萬個中隨機抽出一個，而不是從一百萬個中精煉出最好的一百個。集合了一百個比一般人聰明十倍的人，那就絕對不是「House of Representatives」，他們沒有代表性，沒有代表其他九十九萬九千九百人的合法性。

兩百多年前的討論，到今天仍然值得我們思考。如何組成「代表」，用什麼樣的眼光來看待「代表」，不一樣的政治哲學會有不一樣的標準。約翰・亞當斯的這一套，至少有一個無法抹滅、無法否認的優點——和民主的根本精神緊密嵌合。民主信任眾人的集體決定，相信集體決定比單一君王、少數貴族的決定，來得更少弊端。既然如此，那麼要來代表人民行使主權做決定的人，就不應該是少數菁英。

一七八九年，《美國憲法》正式生效，選出了華盛頓為第一任總統，此時已經有十一個州通過了接受《憲法》。十一個州當中有好幾個州，支持派和反對派勢力相當接近，但神奇地，不只是最終都是支持派獲勝，而且這十一個州最終都是無條件接受了《憲法》。

唯一有條件通過支持案的，是排名倒數第二的北卡羅萊納州。北卡的支持案中加了一條但書，表達他們不覺得六十五席「眾議員」足以代表美國。他們認為那麼少的代表很容易被收買。還有，整個北卡只選出五席「眾議員」，意味著北卡將分成五個選區，如此每個選區勢必都很大。在大選區中有城有鄉，那麼鄉間的候選人一定敵不過城裡的候選人。城市人口集中，比較容易競選拉票，在城裡跑一天能遇到的選民，鄉間候選人很可能跑一個禮拜都遇不到。

雖然北卡的但書無法改變已經成立、已經生效的《憲法》，然而很多人都同意北卡但書中對「眾議院」席次的批評。所以合眾國成立後，第一屆國會是六十五席，第二屆就快速增長到一百零四席，第三屆再增為一百四十二席。

參議院是為了防止眾議院的愚蠢與惡

第一條第三款還有這樣的條文內容：

參議員第一次選舉後舉行會議之時，應當盡量立即均等分成三組，第一組任期到第二年年終時屆滿，第二組任期到第四年年終時屆滿，第三組任期到第六年年終時屆滿，俾使每兩年有三分之一的參議員改選。

「聯邦參議院」不是同時改選，而是每兩年改選三分之一。為了建立這樣一個分批改選制度，第一屆「參議員」就只好委屈一點，必須分成三組，一組任期只有兩年，一組任期四年，一組可以完成六年任期，如此每兩年分批換掉三分之一的「參議員」。

「眾議員」兩年任期在當時都算長的，「參議員」任期更長，是「眾議員」的三倍。任期那麼長，「參議員」不會也不該是「代表」。儘管在我們的概念中，國會議員都是「民意代表」，然而在《美國憲法》的設計中，「參議員」扮演的比較接近諮詢、顧問角色。他們是各州派來，一方面協助「聯邦」政府好好處理政務，一方面協助「眾議院」訂定妥善法律的。

「眾議院」代表美國社會，具備了社會上的善良，也一定會有社會上的愚蠢；具備了社會上的善，也一定會有社會上的惡。「參議院」站在比較高的立場，防止「眾議院」的愚蠢與惡傷害到國家利益，尤其傷害到「參議員」所屬各州的利益。

「參議員」需要有足夠的智慧與經驗，才能扮演好這樣的角色。所以「參議員」的年齡限制比「眾議員」來得嚴格，而且「參議員」可以擁有長達六年的任期。但是六年實在太長，用麥迪遜的話說：「代表人民的人，很容易誤以為自己就是人民。」在代表的位子上太久了，很容易混淆了自己的立場，與自己應該代表的州的立場。所以就設計了分批改選的方式，保障「參議院」整體不時都有新血、新意見、新態度注入，而且配合「眾議院」每兩年一次的改選。

美國國會，每兩年選舉一次，改選所有的「眾議員」，以及三分之一的「參議員」。雖然「參議員」有六年任期，但不會有六年固定不變的「參議院」，「參議院」和「眾議院」一樣，每兩年就會換上集體新面貌。

到了後來政黨政治形成後，兩年一次的國會改選，產生了原先《憲法》設計時並未料及的另一層政治監督效果。美國總統任期是四年，每四年總統改選時，國會也必然同時改選。除此之外，總統任期中間，還會遇到另一次國會改選，那次選舉，就被稱為「期中選舉」，只選國會議員，不選總統。然而，「期中選舉」儘管不改選總統，總統還是受到極大的壓力。他所屬的政黨議員們選得好選得不好，必然被視為是他兩年來施政好壞的反映。民意也的確可以藉「期中選舉」的投票，來表達對總統、對總統所屬的政黨是否滿意。於是總統變成了兩年就要接受一次「期中考」，不會等到四年屆滿才承受民意檢驗的壓力。

《美國憲法》沒有限制「參議員」和「眾議員」的連任次數。在精神上，《憲法》已經設計了頻繁的改選年限，是最好的保障。議員，尤其是「眾議員」，必須經常回到選區，接受選民檢驗，重新獲得授權，如果你能通得過這樣的考驗，表示你和民意沒有脫節，那就沒有理由限制你連任、當選的次數。

每兩年辦一次選舉，每十年統計一次人口，相應調整一次選區和「眾議院」席次。這是《美國憲法》訂定的政治活水循環原理。《憲法》是基本大法，一旦訂定了就必須固定下來，不能輕易更改。《憲法》本身是不變不動的，但《美國憲法》不變不動的規定，主要是關於如何應對變動，如何保證政治不會和變動脫節。自身是不變的，但充分意識到變動的存在，找出一套規定讓政治不至於陷入重複不變中，以至於無法跟上社會、時代可能的變化。這是《美國憲法》了不起的內在弔詭性質。

想要有多少代表就要繳多少稅

《美國憲法》中關於國會的部分，最難理解的是這一段：

眾議員人數及直接稅稅額，應按聯邦所轄各州之人口數目比例分配……

每一州可以擁有多少「眾議員」席次，以及每一州應該向「聯邦」繳納多少直接稅，都按照人口數來分配。人口愈多的，稅就納得愈多，同時也就能夠分到愈多的「眾議員」席次。

這是責任與義務的配套，也是對於革命口號：「No Representative, No Tax!」的明確呼應。有多少代表，繳多少稅；倒過來，想要有多少代表，就得繳多少稅。

《美國憲法．序言》中提到「more perfect Union」，要建立一個比原本存在的「邦聯」更好的聯盟組織形式，其中「更好」的一點，就是由國會訂定法律，對各州人民抽稅，作為「聯邦」的財務基礎。

原先的「邦聯」對各州沒有強制權。就算是各州代表在會議上通過的決議，也無法保證能得到忠實執行。一七八一年，為了重建「邦聯」軍隊，「邦聯代表會議」通過由各州分攤八百萬的經費，但到預定繳交的截止日期，一共只有五十萬真正入帳。要八百給五十，這樣的「邦聯」如何發揮作用？

有鑒於「邦聯」在財務上向各州伸手的尷尬經驗，這回建立一個「more perfect Union」時，一定要讓「聯邦」有比較完美的財務安排。方法就是：「No Tax, No Representatives!」上繳「聯邦」的直接稅和各州擁有的「眾議院」席次在《憲法》中明白地綁在一起，有多少人口可以分到多少代表席次，相對就必須繳交多少稅金。

接下來的條文規定人口怎麼算：

此項人口數目的計算法，應在全體自由人民——包括訂有契約的短期僕役，但不包括未被課稅的印地安人——數目之外，再加上其他所有人口之五分之三。

這是《美國憲法》全文中最難理解、最曖昧的一段。先說「自由人民」的定義不包括「未被課稅的印地安人」，這是延續前文而來的原則，「No Tax, No Representatives!」不算在「聯邦」直接稅中的人，就不能納入計算國會席次的人口數中。那為什麼要特別標示「自由人民」包括「訂有契約的短期僕役」？

表面上看，「僕役」聽起來不自由，但在法律層次上，只要他能夠簽契約，他就仍然具備「自由人民」的資格，所以特別提醒不應該把他們遺漏在外。不過骨子裡，這項規定是和後面的「五分之三」搭配在一起的。

什麼叫「在自由人民數目之外，再加上其他所有人口之五分之三」？難理解，因為字句上用了一個其實有點拙劣的障眼法。「自由人民之外的其他人口」會是什麼？顯然只能是「不自由人民」。什麼是「不自由人民」？對這樣的人，那個時代有一個比較簡單通用的稱呼，就是「奴隸」。

看穿了這個障眼法，條文意義就浮現出來了：計算各州人口時，奴隸也算在裡面，但奴隸不能算完整的人，一個奴隸在人口統計上，只能算成一般人的五分之三。這一家如果有五口人，又擁有五個奴隸，那麼在人口統計時，他們家全部人口數不是五，也不是十，而是八。

好奇怪的規定！負責統整《憲法》文字的詹姆斯・威爾遜和羅伯・莫里斯[6]，兩人都抱持著反對奴隸制的態度，所以他們無論如何都不願將「奴隸」這個字眼寫進《憲法》裡，擔心一旦《憲法》中出現「奴隸」，就等於「聯邦」在法律上承認了奴隸制，以後要廢奴將多加一層修改《憲法》的難關。所以他們才拐彎抹角用那樣的方式來表達。

他們不能不表達。因為這是「費城會議」中好不容易達成協議的重大爭執。南方州有奴隸，北方州沒有。算人口時，把奴隸算進去，在政治上對北方很不利。「眾議院」席次由人口來決定，一個擁有五萬人口的北方州，依照正常的出生率，可能需要二十年才能增加到十萬。相對地，一個也擁有五萬人口的南方州，可以在半年、一年內，靠著大量進口奴隸，輕易就達到十萬人口，搶下倍增的席次。

但換另一個角度看，從稅金分攤上，把奴隸算進去，對北方有利。奴隸在南方擔任生產工作，給了南方在勞動力上的優勢，如果奴隸還可以不算進人口數，還不用繳稅，那麼在生產力的條件，北方可就吃虧大了！

衡量這兩項因素後，有了如此的妥協。奴隸算卻又不算在人口中。算，但不是全數算，無論在政治權上或繳納稅金上，一個奴隸只算五分之三個人。南方如果要靠進口奴隸來擴充人口數，增加代表席次，他們除了需要花費買奴隸的錢之外，還得負擔奴隸在境內生活的直接稅，以增加成本的方式，抑制南方擴充奴隸隊伍的動機。

北方州看到的，是有奴隸就需繳稅；南方州看到的，是有奴隸就有代表席次。雙方各取所需，暫時壓抑住這個在當時已經很敏感的議題，讓各州不至於為了這個議題翻臉，讓《憲法》草案能夠順利產生。

不過從公民權的角度看，這項規定當然是有問題的。最北方的新罕普夏

6 莫里斯（Robert Morris, 1734-1806），邦聯會議任命的美國財政管理人，制憲會議的賓州代表，聯邦政府成立之後的賓州參議員。

州，當時有十四萬自由人，南方的南卡羅萊納州也有差不多十四萬自由人。但在一八〇八的國會中，新罕普夏州在「眾議院」分到四席，南卡羅萊納州卻可以分到六席。南卡多出來的兩席，就是加入了奴隸的結果。

康乃狄克州的自由人人數，比馬里蘭州整整多了兩萬。但一八〇八年的國會中，康乃狄克州分到的「眾議院」席次硬是比馬里蘭州少了一席。因為馬里蘭有奴隸，康乃狄克沒有。麻薩諸塞州的自由人比維吉尼亞州稍多一些，但南方奴隸大州維吉尼亞州在一八〇八年的國會中，擁有比麻薩諸塞州多五席的「眾議員」。維吉尼亞州當時有三十萬黑奴，用《憲法》規定的公式計算，可以抵得過十八萬自由人。

這絕對不公平，也不合理。「眾議員」不可能代表奴隸，奴隸不具備任何公民權，也就不可能透過代表幫他們保障或爭取任何權利。但在「眾議員」席次計算上，卻將不具公民權的奴隸計算在內，顯然違背了「代表」的比例原則。明明同樣多的自由人、公民，南方州卻可以選出比較多的代表，在國會立法時擁有較多的票數，較大的決定權。

不過，從現實上看，這套不公平、不合理的制度，在結合南北組成並維持

「聯邦」時發揮了很大的作用。一八〇八年的「聯邦眾議院」，蓄奴的南方州，一共佔有四十七席，相對地，北方州佔有五十八席。如果拿掉了計算奴隸人口讓南方得以多分到的席次，單算自由人，南方的席次將會降到只剩三十三席。

很明顯，北方的土地面積與人口都多於南方，北方的經濟型態和南方大異其趣，如果不是這種方式讓南方膨脹席次，南弱北強的差距會更大，那麼南方各州參加「聯邦」的意願將會降低許多。

歷史上只有一個美國，而不是分開為南北兩個國家；南北的嚴重衝突拖到一八六〇年代才公開爆發，靠的其實就是這樣一種既不公平也不合理的「五分之三條款」。

南北內戰之後，北方獲勝，才終於在一八六八年通過的《憲法》第十四條修正案中取消了奴隸制，當然也取消了「五分之三條款」。

第四章

《權利法案》讓《憲法》值得支持

《權利法案》的快速通過，大有助於平息立憲爭議，
而且大有助於建立新國會的威望。新國會完成的第一件大事，
就是限制自己的權力，維護人民的權利，
換句話說，當代議立法權與人民主權有衝突時，
代議者會選擇捨棄自私立場，站在人民主權這邊。

軍隊的配備權歸國會，指揮權歸總統

《美國憲法》中，最長的一條是第一條。《美國憲法》中，最長的一款是第一條第八款。第一條第八款是規定國會權力的。用那麼多文字羅列國會權力，因為國會為主權在民的核心機關，與主權有關的權力，應該由國會來行使。

「序言」中所說的：

建立正義，維護國內的安寧，建立共同的國防，增進人民福利，和確保我們自己及後代能安享自由所帶來的幸福。

要達到這些目的，不是靠行政權，不是靠總統，在《憲法》架構中，是靠立法權。第一條第八款規定的國會職掌，基本上就是達成這些目標的途徑。

例如說，要「建立共同的國防」，關鍵在於國會擁有宣戰權。依照《美國憲法》規定，只有代表人民主權的國會才可以對外宣戰，總統就不具備這樣的權力。依照《美國憲法》的規定，二十世紀中，美國只打過兩場「正式的」戰爭——第一次世界大戰和第二次世界大戰。其他像慘烈的「越戰」、讓人記憶猶新的「第一次波灣戰爭」，都不算「正式的」戰爭，因為並沒有經由國會宣戰。

《美國憲法》第一條第八款賦予國會的權力包括：

> 宣戰，……募集和維持陸軍，但每次撥充該項費用的款項，其有效期不得超過兩年；配備和保持海軍；制定有關管理和控制陸海軍隊的各種條例；制定召集民兵的條例，以便執行聯邦法律，鎮壓叛亂和擊退侵略；規定民兵的組織、裝備和訓練，以及民兵為合眾國服務時的管理辦法，但各州保留其軍官任命權，和依照國會規定的條例訓練其民團的權力。

國會擁有配備陸軍和海軍的權力，然而值得注意的，第一，國會決定了陸軍、海軍的規模、配備，卻不能直接指揮陸、海軍。《美國憲法》將軍隊指揮權交給了總統。一部分的考量：國會是集體決議，不適合進行需要不斷應變的戰爭決策，總統則是個人，比國會靈活得多。另一部分的考量，則仍然來自分權概念，不將配備權和指揮權放在一起，兩種權力可以發揮互相制衡的作用。若遇總統要誤用、濫用軍事力量時，國會可以拒絕給予所需的配備，實質癱瘓軍隊；反過來，遇到國會誤用、濫用軍事力量時，總統也可以有獨立判斷，拒絕配合指揮軍隊。當然我們也不能忽略一部分的立憲情境考量：參加「費城會議」的代表，人人都預期華盛頓將軍會是第一任總統，還會有誰比他更適合掌管、指揮新成立的合眾國軍隊呢？

值得注意的另一件事是：在這裡，陸軍和海軍是分別陳述的。陸軍方面，比海軍多了一項節制：「每次撥充該項費用的款項，其有效期不得超過兩年」。關鍵差異在：運用於海上的軍力，基本上是對外的，沒有什麼機會被用在陸地國土上；陸軍卻不然。抵抗侵略的外敵當然需要陸軍，但陸軍也很容易被用來對付內部的敵人。

為了讓各州安心，杜絕陸軍被總統或「聯邦」政府用在對付各州，威脅到各州的獨立、自由地位，而有了這「兩年條款」。國會用在配備陸軍的經費，一次頂多只能撥給兩年。換句話說，只要國會不繼續通過新的經費，「聯邦」陸軍別說打仗，就連養活自己都做不到。如此實質上將長遠的陸軍控制權，交回到選民手上。要是國會和總統運用「聯邦」軍隊的方式選民不認同，那麼至遲在每兩年舉辦一次的「眾議員」全部改選和「參議員」一部分改選時，他們就可以將反對派選入國會，只要這些新任議員拒絕批准新的經費給陸軍，自然就取消了陸軍的所有力量。

私人合法擁有槍枝的憲法依據

《邦聯條例》中，並沒有給予「邦聯」一支個別、獨立的軍隊。「邦聯」軍隊是動員各州既有武力構成的。然而十多年的「邦聯」經驗告訴「費城會議」的代表們，這一套辦法行不通，不足以應付這個新國家處理內憂外患所需。「邦聯」要打仗，得看各州配合程度，而每州有其地理位置上的不同，有其不一樣的政治考量，要他們團結配合動員，談何容易？就算配合動員了，這些民兵的主要效忠對象先是自己的家鄉，其次是自己所屬的州，他們又怎麼可能熱情投入為「邦聯」而戰？

新的「聯邦」需要自己的軍隊，這個觀念在「費城會議」中勝出。不過要落實這個觀念，寫進《憲法》中，先要解決一個問題：如何保證「聯邦」軍隊不會被用來欺壓各州？

把陸軍和海軍分開，給予海軍長期經費，卻限制陸軍經費頂多兩年有效，是其中一項保證措施。可能被用在對付各州的「聯邦」陸軍，必須受到嚴格的管制。另外還有一項保證措施，就是各州繼續保有其民兵武力。國會雖然有權規定各州民兵的組織、裝備和訓練，但不得干涉民兵的指揮人事。而且平常訓練、運用民兵，都由各州來進行，只有當「聯邦」召集各州民兵來為合眾國服務時，這些民兵才受到國會訂定的管理辦法加以約束。

在當時的條件下，這樣的安排有非常清楚的道理。「聯邦」建立的陸軍，一定比任何一州的民兵武力來得強大，因而遇到任何一、兩州騷動叛亂時，「聯邦」擁有足以平亂的力量。就算騷動叛亂擴大，只要大部分選民認同，「聯邦」可以擴大軍事配備，更可以召集各州民兵來協助平亂。

換另一個方向看，萬一「聯邦」不顧各州意願，運用武力戕害各州獨立、自由時，各州也可以集合其民兵來反抗「聯邦」。「聯邦」陸軍的規模，無論如何絕對不可能大過所有各州的民兵加總。

「聯邦」和各州之間的武力平衡考量，還反映在至今仍然具有巨大現實作用的《美國憲法》第二條修正案上。第二修正案的內容是：

紀律良好的民兵隊伍，對於一個自由國家的安全實屬必要；故人民持有和攜帶武器的權利，不得予以侵犯。

就是這條修正案，使得今天美國成為全世界最多私人擁有槍枝的國家。對於非美國人，尤其像我們這樣從來不曾讓槍枝合法化的社會裡的人，讓私人合法擁有槍枝，實在是腦袋有問題的做法。美國的嚴重刑案，幾乎都和槍枝分不開關係。在美國當警察，可能遭遇生命威脅的機率，遠超過任何國家，也是因為警察在街頭，隨時可能遇到持槍歹徒。不說刻意濫用槍枝為非作歹的行為吧，每年光是不小心的槍枝走火事件，都有幾十起。前美國副總統錢尼打獵時還曾經誤擊和他一起打獵的朋友。

槍那麼危險，為什麼美國人卻不能立法管制槍枝呢？為什麼全美最龐大最有力的政治遊說團體中，會有專門擁護槍枝合法權的全美步槍協會（National Rifle Association）呢？是什麼因素讓NRA成為那麼有力的團體？換做在台灣，一個公然堅持讓槍枝在社會上合法流傳的組織，能得到多少人支持？

過去幾年內，美國出現了多起恐怖、殘酷的校園喋血事件。精神狀態不穩定的人拿著槍進到校園一陣狂掃，很短時間內就造成大量傷亡。每次出現這種聳動事件，美國媒體輿論一定會有關於管制槍枝的呼籲與討論，然而對我們來說多麼奇怪：發生了這麼多次血案，有那麼多的呼籲與討論，然而幾乎沒有什麼管制槍枝的法案能在國會通過。

因為NRA的大力阻撓。NRA到底憑什麼？憑藉的就是這第二條修正案。第二條修正案明白規定：「人民持有和攜帶武器的權利，不得予以侵犯。」認真地看，NRA會有那麼大影響力，因為有《憲法》為他們的立場撐腰，也就是有美國社會對《憲法》的尊重作為其影響力基礎。

這不是開玩笑的。NRA的立場在法律上是站得住腳的。《憲法》明白禁止國會立法限制人民持有和攜帶武器，管制槍枝的法律就算通過了，必然因為與第二修正案牴觸而明顯違憲，不可能生效。管制槍枝不是立法的問題，而是修憲層次的大事。

而且這第二條修正案，沒有那麼容易修改。在今天的現實狀況下，大家注意的是修正案後半段，關於人民有權持有和攜帶武器的部分。一旦進入《憲法》層次的討論，那就不得不看前半段的內容。前半段清楚說明了人民合法持有和攜帶武器的理由——因為這些人構成了民兵組織。

這條修正案，直接和《美國憲法》本文第一條第八款相連。第一條第八款給予各州保持民兵、指揮民兵的權力，然而在各州討論是否要通過「制憲」時，出現了一個強大的質疑意見：民兵要發揮作用，尤其是對抗「聯邦」保障各州獨立、自由地位的作用，不能只有組織、有軍官，更要有武器。如果「聯邦」剝奪了民兵擁有武器的權利，那麼第一條第八款關於民兵的部分，不就形同無效具文了？

因而，要修改第二修正案，必須同時修改第一條第八款對於民兵的規定。儘管在歷史發展中，「聯邦」權力不斷上升，「州權」相對式微，然而美國的立國原則畢竟還是由各州組成的「合眾國」。修改民兵條款，等於是正式動搖這項立國原則，改變「合眾國」的形式，當然很難獲得支持了。

《憲法》規範政府權力，《權利法案》保障人民權利

還不只如此，《憲法》第二條修正案並不是單獨存在的，而是屬於《權利法案》的一部分。

所有美國駐外單位（包括「美國在台協會」）的網站上，一定會有一個欄目，叫「美國立國基本文件」。放在這個欄目中，被視為關係美國立國精神最重要的文獻，只有三件——《獨立宣言》、《美國憲法》和《權利法案》。《權利法案》其實就是《美國憲法》第一條到第十條修正案，但《美國憲法》至今一共通過了二十七條修正案，其他第十一條到第二十七條修正案，卻被和前十條區別開來，未納入「美國立國基本文件」中。

《權利法案》有其特殊的歷史背景與歷史意義。一七八九年，美利堅合眾國的第一屆國會開議，處理的第一件事就是討論並以超過三分之二的壓倒票數，通過了《權利法案》。

這十條修正案會被包裹在一起稱為《權利法案》，因為內容都是關於人民權利的保障。從相反方向看，也就都是限制、減少國會權力的。剛剛成立的國會，別的事都還來不及做，竟然先忙著縮減自己的權力，像是給自己戴上手銬腳鐐似的，豈不奇怪？

《美國憲法》第一條第八款在羅列了國會管轄項目之後，以這樣的文字作結：

為了行使上述各項權力，以及行使本憲法賦予合眾國政府或其各部門或其官員的種種權力，制定一切必要的和適當的法律。

對照之下，《權利法案》的開頭，也就是第一條修正案的第一句話卻是：

國會不得制定有關下列事項的法律……

已經通過了的《憲法》，讓國會「制定一切必要和適當的法律」，第一屆國會卻忙不迭地提出修正案，取消「制定一切……法律」的權力，改加上「不得制定」的限制，怎麼會如此自廢武功呢？

一個理由是：《憲法》雖然通過了，但在好幾個州支持和反對的票數差距很小，表示有很大比例的人對這部《憲法》並沒有那麼滿意。討論議決過程中，反覆出現的質疑，就是《憲法》只有對於政府權力的安排規定，卻沒有任何明確保障人民權利的內容。

前面提過，在「費城會議」中產生的這部《憲法》，的確是著眼於規範政府可以做什麼、不能做什麼，這其實是進步精神的展現。「序言」中確認了，《憲法》是從人民主權出發的，代表人民的立場，既然如此，當然不需要規定人民有什麼權利。只要沒有在《憲法》中明白讓渡、交付給立法、行政、司法三部門的，就都是人民保留在自身的自然權利。

不過這種立場、這種寫法，和當時大部分州憲不一樣。許多州的州憲開頭先有明文的「權利法案」，白紙黑字載明人民擁有哪些絕對不容侵犯的權利，後面才是其他政府組織的規定。

對比下，《美國憲法》只有一段短短的「序言」，沒有「權利法案」，顯得格外醒目，格外讓人無法放心。

第一屆國會議員必須處理這樣的不滿。另外，他們集會開議時，還有兩個州——北卡羅萊納州和羅德島州，遲遲尚未加入「聯邦」，他們也感受到壓力，應該想辦法消除這兩個州的疑慮與反對，盡快讓「聯邦」可以完整，避免分裂下出現的不利傷害。

因為是第一屆，這些國會議員受到各州州民特別的關注，尤其關注他們的認同與效忠態度。因為是第一屆，這些國會議員承擔的改選壓力特別大。所有「眾議員」和三分之一的「參議員」，短短兩年後就得面對改選。還有另外三分之一的「參議員」四年後要改選，只有三分之一的「參議員」能做滿六年的任期。換句話說，在選民還沒遺忘前，改選就來了，選民當然會問、當然會流傳：哪個議員在哪個議案上採取了什麼立場、投了什麼票。

沒有人希望到時候選民記得的是：這個議員投票反對《權利法案》，不重視人民的基本權利。第一屆國會還承受後來的國會不會有的特殊壓力：要證明這個機構真的值得人民信賴與囑託，雖然在制度結構上屬於政府的一部分，但在精神上最接近一般人，是一般人的公共代表。

各州審議《憲法草案》時，到處湧現出一個質疑、反對的聲音：原本並未受到充分重視、而且閉門討論的「費城會議」，有足夠資格訂定《憲法》嗎？連帶著，也就不斷有提議：應該再召開一次「制憲會議」，用新的會議討論來補充、甚至取代原先「費城會議」的結論。

提議再召開一次「制憲會議」最強而有力的理由，就是原有憲法草案中缺少了《權利法案》。因而，要說服大家不需要再開新的「制憲會議」，最直接、最有效的做法，就是在第一屆國會盡快通過《權利法案》。

《權利法案》得以順利、快速通過，的確大有助於平息立憲爭議，而且大有助於建立新國會的威望。新國會完成的第一件大事，就是限制自己的權力，維護人民的權利，換句話說，當代議立法權與人民主權有衝突時，代議者會選擇捨棄自私立場，站在人民主權這邊，這樣的國會令人放心，這樣的《憲法》值得支持。

「人身保護令」的例外與爭議

《美國憲法》第一條第九款中其實已經有對於國會立法的限制：

不得中止人身保護令所保障的特權，惟在叛亂或受到侵犯的情況下，出於公共安全的必要時不在此限。不得通過任何褫奪公權的法案或者追溯既往的法律。

這是《權利法案》的雛型條款，或說「費城會議」代表認為這是相較於代議立法權，最需要明確保護的人民基本權利。文中提到的「人身保護令」，不容易從中文字面上了解其意義及重要性。「人身保護令」的原文是「Habeas

Corpus」，指的是任何被拘捕的人，有權被帶到法庭接受法官詢問、審判。被帶到法庭接受法官詢問、審判，為什麼會是一種「權利」？意即除了法庭、法官依照法律規定之外，任何其他人、其他單位不得以任何理由將人逮捕、拘留。

這個觀念來自英國法律系統，十七世紀時已經是英國國民認定的根本權利，所以在《美國憲法》中直接襲用「Habeas Corpus」說法，沒有多做解釋，只依據當時美國的情況，明文增加了排除條件：「惟在叛亂或受到侵犯的情況下，出於公共安全的必要時不在此限。」

這個排除條件，一、兩百年來造成了很大的爭議，而且不只在美國。人不受其他單位、力量強制拘留的權利，應該有多高的地位？在什麼樣的情況下，「人身保護令」可以被破壞？可以未經法庭、法官審判而被拘留、囚禁？

《美國憲法》上所說的「在叛亂或受到侵犯的情況下，出於公共安全的必要時」，明顯指向戰爭情況，尤其是考量到當時美國最大的威脅來自於原有的殖民母國英國，所以保留了可以對付支持、協助英國的人，還有戰犯的條件。這些人不受「人身保護令」保障。然而「在叛亂或受到侵犯的情況下，出於公共安全的必要時」，這樣的字句有很大的歧義、解釋空間，成了「人身保護令」

權利的最大威脅。

尤其在美國以外，缺乏英美法基礎的國家，即便套襲《美國憲法》將「人身保護令」放進《憲法》中，也都經常藉這項但書，實質凍結「人身保護令」的權利效果。例如《中華民國憲法》第二章「人民之權利義務」規定了法律之前人人平等之後，接著就在第八條中如此規定：

人民身體之自由應予保障。除現行犯之逮捕由法律另定外，非經司法或警察機關依法定程序，不得逮捕拘禁。非由法院依法定程序，不得審問處罰。非依法定程序之逮捕，拘禁，審問，處罰，得拒絕之。

這樣的字句，實際上就是對於「人身保護令」的說明。然而這樣的明文規定，在中華民國行憲的歷史上，大部分時間卻不具任何真正的人權保障效力。因為有《動員戡亂時期臨時條款》[1]，有《戒嚴令》[2]，凍結了這條條文。《動員戡亂時期臨時條款》和《戒嚴令》，援引的正就是「在叛亂或受到侵犯的情況下，出於公共安全的必要時」的例外情況，結果「人身保護令」成為具文，各式各樣非法逮捕拘禁大行其道，在社會上形成國家暴力的恐嚇陰影。

美國自身也無法完全免於這項例外但書所帶來的困擾。二〇〇一年發生「九一一事件」之後，當時的美國總統布希將「反恐怖主義」的行動升高定調為「反恐戰爭」，其中一部分理由就是以此來規避《憲法》所賦予的「人身保護令」權利保障。以戰爭為由，以公共安全為由，美國政府對於所謂的「戰犯」，或疑似牽涉協助「恐怖組織」的人，未經審判逕行逮捕拘禁，在拘禁期間進行盤查詢問，還設立了特別監獄[3]囚禁這些得不到「人身保護令」保障的人犯。

美國政府的這種舉措，引起了自由派人士的強烈反對與攻擊，但布希主政

1 《臨時條款》規定總統在動員戡亂時期，為避免國家或人民遭遇緊急危難，或應付財政經濟上重大變故，得經行政院會議之決議，為緊急處分，不受《憲法》第三十九條或第四十三條所規定程序之限制。《憲法》第三十九條和第四十三條規定，總統宣布戒嚴或發布緊急命令，須經過立法院同意或追認。

2 一九四九年五月十九日時任台灣省主席兼台灣省警備總司令陳誠頒布《臺灣省警備總司令部佈告戒字第壹號》，就是我們習稱的《台灣省戒嚴令》。

3 在美國所設立的這些特別監獄中，最有名的就是設立於二〇〇二年、位於古巴關塔那摩灣美國海軍基地的拘押中心。時任國防部長的倫斯斐表示，關塔那摩是為了拘押「特別危險的人」，但多年來屢屢發生囚犯自殺與虐囚事件，歐巴馬總統上任後曾試圖關閉該中心，卻因國會反對而作罷。

期間對此毫不退讓，歐巴馬上台後，也遲遲未實現競選諾言關掉特別監獄，貫徹「人身保護令」給予的權利保障，歸根究柢，正是《美國憲法》這一款給予的但書條件，讓行政權能夠如此便宜行事。

國會立法上另外一項明確限制，是「不得通過任何褫奪公權的法案或者追溯既往的法律。」這也是將英國已經建立的基本法律觀念直接予以成文化的做法。法律規範人的集體行為，一個人必須具備了解法律的權利，才有可能依循法律來調整、決定自己的行為。所以，英國法律建立起兩項基本規範——第一是不能秘密立法，所有法律都應該具備有讓大家可以隨時查看的公開形式。第二是不能溯及既往立法，意思是今天通過的法律，只能從今天之後生效，不能回頭規範今天之前的行為。

兩項規範用意都在防止立法刻意入人於罪。有法律規範存在，我卻無從得知，那麼我要如何避免做出觸法的事呢？更嚴重的，依照今天、當下的法律，我做了合法的事，明天法律改變了，溯及既往說我今天做的事是違法的，要把我抓起來，要給我懲罰，合理嗎？這樣的法律，誰還能信任？又有誰有辦法依照這樣可以改來改去的法律，做一個守法的公民呢？

《美國憲法》第一條第五款已經明文規定：「參眾兩院應各自保存一份議事紀錄，並經常公布」，連議事紀錄都必須公布，沒有秘密立法的問題，所以第九款就只提了不得溯及既往的部分。

另外，國會自身的成立法源來自人民主權，所以在道理上，人民是國會的主人，國會就不能通過特別用來限制人民主權的法案。褫奪公權就是剝奪人民政治權利，也是國會可以用來規避對人民主權負責的手段，所以特別將這項手段予以排除、不交給國會。

回到歷史上來看，儘管《美國憲法》第一條第九款有這樣的「不得立法」約束，當時許多人還覺得不夠，堅持應有更明確的「權利法案」，還有一個原因在於，這項人民權利保障非但沒有獨立成條，甚至沒有獨立成款，只是第九款的一部分。而第九款還有其他部分，被視為主要是用來限制、規範州與州互動關係的，這讓人權保護字句在這裡面，很不起眼，失去了應得的崇高地位。

加入聯邦等於加入一個有利的經貿體系

《美國憲法》第一條第九款的其他部分：

對各州輸出之貨物，不得課稅。任何有關商務或納稅的條例，均不得賦予某一州的港口以優惠待遇；亦不得強迫任何開往或來自某一州的船隻，駛入或駛出另一州，或向另一州納稅。

這要和接下來的第十款條文連在一起看：

各州不得締結任何條約、結盟或組織邦聯；不得對民用船隻頒發捕押敵船及採取報復行動之特許證；不得鑄造貨幣；不得發行紙幣；不得指定金銀幣以外的物品作為償還債務的法定貨幣；不得通過任何褫奪公權的法案、追溯既往的法律和損害契約義務的法律；也不得頒發任何貴族爵位。未經國會同意，各州不得對進口貨物或出口貨物徵收任何稅款，但為了執行該州的檢查法律而有絕對的必要時，不在此限；任何州對於進出口貨物所徵的稅，其淨收益應歸合眾國國庫使用；所有這一類的檢查法律，國會對之有修正和監督之權。

條文很長，然而其基本精神與用意很簡單、很清楚。在「聯邦」成立後，原本存在於州與州之間的貿易壁壘，會在「聯邦」監督下予以清除。十三州不容易統合，一部分的原因就在各州的經濟生產型態差別甚大。例如控制了費城、紐約等重要大港的賓夕法尼亞州、紐約州，經常對進出其州的貨物課取重稅，導致依賴出口農作物的南方農業州負擔沉重。而這些農業州用來反擊貿易州的方式，就是用自身製造的貨幣來支付費用，必要時就放任州貨幣貶值。

《美國憲法》承諾：在「聯邦」成立後，類似的州與州間貿易、財務衝突將大幅降低。州與州間的進出口稅款，由國會統一訂定；州與州間的財務往來，只能運用「聯邦」統一鑄造的貨幣；各州議會也不再能夠片面拒絕履行對他州的契約義務。整體來說，必然能夠促進各州的經貿繁榮。同時，歐洲其他各國也才能明白如何和美國進行經貿交往，不會因為各州的不合理關稅規定，而對美國施行進出口報復限制，也可以在較為堅實的「聯邦」組織信任基礎上，願意對美國放款，給予美國建國之初亟需的龐大資金。

這樣的內容，明確告知各州同意成立「聯邦」、加入「聯邦」能夠得到怎樣的實質好處，在後來各州審議《憲法》的會議中，發揮了很大的作用。不管對「聯邦」有多大疑慮，不管對《憲法》條款有多少意見，很多州在擔心拒絕加入「聯邦」將被關在這樣一個新經貿體系外的利益考量下，終究決定了應該通過《憲法》草案，應該積極加入「聯邦」。

第五章

《憲法》就是公職人員的宗教

從事公職的人，一定要宣示信仰《憲法》。必須信仰《憲法》，
因為《憲法》就是人民主權，是由「We the People」所制定的。
在公共領域中，「We the People」高於一切，
不相信「We the People」，不服從「We the People」，
就沒有資格處理公共事務。

總統的權力來自憲法，不是國會

《美國憲法》第二條第一款開頭，中文翻譯是：「行政權力賦予美利堅合眾國總統。」看起來和第一條第一款開頭：「本憲法所規定的立法權，全屬合眾國的國會。」沒有什麼兩樣，都是規範權力所屬。然而查一下英文原文，這兩條開頭的字句表達，卻有微妙而關鍵的差別。

第一條的用語是：

All legislative Powers herein granted shall be vested in a Congress of the United States,……

第二條則是：

The executive Power shall be vested in a President of the United States of America……

兩相對照，規範立法權的第一條比規範行政權的第二條多了「All……

herein granted」，中文譯為「本憲法所規定的……全屬……」。從中文字面看，感覺上立法權「全屬」國會，卻沒有說行政權「全屬」總統，好像《憲法》對於行政權的賦權有所保留。不過英文原意卻剛好相反，「All……herein granted」表示國會擁有的立法權，在《憲法》第一條中都完整、全部羅列清楚了，《憲法》代表的人民主權總共就給了國會這些權力。相對地，《憲法》第二條對行政權的賦權，沒有依循同樣的正面表列方式進行，行政權的範圍與大小，比起國會立法權，有較大的彈性空間。

這也就解釋了為什麼第一條是《美國憲法》中最長的一條，第二條條文相較之下，總共只有四款，字句篇幅還不到第一條的一半。第一條必須要長，因為要充分表白「herein granted」的「all legislative Power」。第二條不需要那麼長，因為沒有要將所有的行政權力都列舉出來賦予總統。

造成這種寫法差異的背後理由是：北美當時仍然處於革命之後的不穩定狀況，「費城會議」的代表們心中明白，要讓這十三州能免於混亂，能夠安定下來，需要一個隨時運作的政府，隨時應對十三州的內外變局，拿出辦法來。他們看得清楚：原本的「邦聯」不是對的解決，「邦聯」沒有持續、固定的行政力量，北美的情勢不是靠有時開會有時休會的政治系統能夠處理的。

《美國憲法》條文上賦予總統很大的權力，明文規範他是三項體系的共同領導人——軍事的、行政的、和檢察的。更大的授權，還在於當國會休會期間，總統可以依照自己職務上的主觀需要，在不違背既有法律的情況下，採取必要措施。在一個意義上，《憲法》給予美國總統「權宜立法」的權力，考慮國會有會期，總統卻是隨時在位，當國會不能立即發揮功能時，總統可以暫時代為訂定新法或簽訂條約，等國會開議了，再送交國會追審。

十三州的殖民母國英國，其國王在就職時必須宣誓承諾：「依照國會同意的法令」施政，相對的，《美國憲法》明定的總統誓詞中，卻沒有要求他「服從國會」，而是「盡我最大的能力，維持、保護和捍衛合眾國憲法。」總統權力的終極來源，不是上帝，也不是國會，而是代表人民主權的《憲法》。他當然不能違背國會訂定的法律，畢竟他的權力形式是「executive」，也就是「執行」國會訂定的法律。然而一來，他擁有國會休會時「權宜立法」的權力；二來，對於國會給予的法律，他不必然要盲目接受、絕對服從。他擁有否決權，他還擁有依循《憲法》進行的獨立判斷，可以拒絕執行他認定違憲的法律。

美國總統該怎麼稱呼？

事實上，《美國憲法》交付給總統的權力，大到和「總統」這個職稱極為不相襯。不管是中文的「總統」，或英文的「President」，現在都帶有極高的地位與權力意涵，以至於我們很難意識、理解：「費城會議」訂定《美國憲法》時，「President」這個字給人的感覺，完全不是那麼回事。

原本的草案中，起草行政部門條文的約翰・亞當斯是將「聯邦」行政首長命名為「Governor」，不是「President」。討論中，對於有人主張採用「President」名稱，亞當斯還語帶嘲諷地說：「消防隊也有President，板球俱樂部也有President！」

再明白不過了，「President」太平常了，缺乏應有的尊嚴高度。一七八七年立憲之際，十三個州當中有十州將州的最高首長稱為「State Governor」，只有三州叫「State President」。而且其中賓夕法尼亞州的「President」是十三州中權力最小的，他做的事不過就是主持州議會開會而已，比較像是個會議主席，而不是行政首長。其他兩州，德拉瓦州和新罕普夏州的「President」，也沒有好到哪裡去。相對的，權力較大、能夠獨立行使行政權的州，全都是「Governor」。而其中權力最大的，就是亞當斯所屬的麻州。

不過「費城會議」最後捨棄了更合理的「Governor」，採用了「President」，最主要的理由，正就是因為「President」聽起來比較沒那麼高、那麼大，對於各州不會有那麼大的刺激與威脅。

還有，首長叫「President」，國會叫「Congress」，兩個名稱都從原來的「邦聯」套襲過來，能夠產生一種從「邦聯」到「聯邦」的接續性，一方面交代「費城會議」開會之初要修改「邦聯」，為什麼後來卻搞了個「聯邦」出來；另一方面也可以降低各州對於一個新政治體制的提防、不信任。

然而，在當時的語境中，「President」實在太不稱頭了，以至於一七八九年第一屆國會開議後，花了很多時間討論：應該如何適當地稱呼「聯邦總統」？

負責擬議的參議院特別委員會給的提案是：

His Highness, the President of the United States of America, and Protector of their Liberties

勉強譯成中文是：

美國總統陛下，人民自由的保護者。

提案交到參院會議上，大部分的參議員傾向於接受這個方案作為未來美國總統的正式稱號。不過在正式投票前，有些議員提出了強烈反對意見。最有力的意見是回到《憲法》，引用新成立的《美國憲法》第一條第九款的規定：

合眾國不得頒發任何貴族爵位：凡是在合眾國政府擔任有俸給或有責任之職務者，未經國會許可，不得接受任何國王、王子或外國的任何禮物、薪酬、職務或爵位。

見了總統，對總統稱「美國總統陛下，人民自由的保護者」，這實在太像在晉見國王了。不就是因為無法忍受王權、貴族，北美十三州才要起而反抗英國，建立新的合眾國嗎？

這個論點壓過了原本覺得「President」稱呼太寒酸的看法，讓國會取消了這項討論。從此之後，美國總統的正式稱呼，就習慣成自然地維持再平常、再平等不過的「總統先生」（Mr. President）。

首長與議員的任期應有適當的比例

《美國憲法》訂定時，十三州中只有兩個州的州長擁有針對州議會立法的否決權。這兩個州中，又有一個，紐約州，其州長要否決議會立法，必須召開特別的審查會，由州內法官出席，經會議多數通過，否決才生效。只有一州，麻薩諸塞州，其州長擁有和美國總統同等效力的否決權，依照他自己的決斷，就能否決議會法案。雖然國會可以對總統的否決再翻案，但那需要國會議員三分之二的絕對多數才能成立。從一七八九年行憲後，要一直等到一八四五年，美國歷史上才出現第一次國會有足夠的三分之二票數，推翻總統否決的案例。[1]

在否決權上，麻州州長和美國總統有一樣大的權力，但在另外一個權力因素上，麻州州長卻又遠遠落後美國總統。麻州州憲規定的州長任期，每一任只有短短一年，相對的，《美國憲法》慷慨地給了總統四倍的任期長度。別弄錯了，這可不是麻州州憲對他們的州長特別不信任，一年州長任期，是當時北美各州的通例，十三州中有高達十州每年改選州長。

今天的美國人，以及許多民主制度下生活的人，很難想像年年要選總統、選州長的情況。對大家來說，理所當然，總統、州長就是四年一任；很多國家的國會，像台灣的立法院，委員的任期也都和總統一樣是四年，最短頂多像美國眾議院，也有兩年的任期。

剛打完獨立戰爭的美國，可不是這樣。反抗英國統治時，北美殖民地流行的一句口號是：「Where annual elections end, tyranny begins.」年年改選消失之處，暴政浮現。年年改選被視為抵抗君主暴政不可或缺的手段。

因而，實情是：在當時的狀況下，《美國憲法》給了總統超乎尋常的任期。為什麼總統任期那麼長？最根本的考量，還是行政權與立法權之間的制衡。行政首長的任期，應該和國會議員任期有適當的比例關係。

行政權與立法權的區隔、分配，是新的《美國憲法》和舊有的《邦聯條例》

1 與國會關係不睦的第十任總統約翰・泰勒（John Tyler），任內（1841-45）總共否決了十項國會法案，其中有一項關於緝私船的法案遭到參院以四十一：一、眾院以一百二十七：三十的絕對多數予以推翻，成為史上第一次總統的否決遭到推翻的案例。

最大的差異所在。《邦聯條例》中規定，一個人必須先取得州代表的資格，才能擔任邦聯主席（President）。換句話說，這位「主席」兼具立法與行政雙重身分，他主要的任務，其實是主持立法會議，兼職承擔相關法律執行責任。這樣的安排，接近英國國會，但「主席」卻不具備英國首相擁有的獨立行政機構，結果當然在行政上不會有什麼效果。

《美國憲法》改走完全不同的路線。第一條第六款明文限制：

在合眾國政府供職的人，不得在其任職期間擔任國會議員。

不只是總統不能兼任國會議員，所有在「政府供職」的人，意即隸屬於行政單位的人，通通不能兼任國會議員。這個邏輯理路很明白，行政權和立法權不得混淆。立法權監督行政權，行政官員的行政責任之最終審判，在國會的彈劾，若是有人得以身兼行政、立法兩種不同職位，就會出現「球員兼裁判」的不合理狀況了。

前面說過，一方面考慮各州議員遠程來回的時間，另一方面考慮外交上所需的經驗累積，《美國憲法》將眾議員的任期訂為兩年，更讓參議員有長達六年的任期。面對兩年、六年任期的立法監督者，行政首長最合理的任期，顯然就是取其中間數的四年了。

華盛頓為聯邦總統立下典範

一七八七年，當大家對「Where annual elections end, tyranny begins.」口號記憶猶新時，提出總統四年任期的主張，帶有高度風險。這豈不是明白表示要給予「聯邦」總統接近君主的暴政權力嗎？各州在審議《憲法》草案時，這條總統四年任期豈不就提供反對者最強而有力的把柄嗎？

從這個角度看，我們可以更進一步了解，將「聯邦」行政首長稱為「President」的策略效果。選擇權力較小、地位較低的「President」，而不是「Governor」，相應地降低了各州人民的提防敵意。還有，叫「President」，很容易讓人聯想到當時全美最知名的一位「President」——在「費城會議」上擔任主席的喬治・華盛頓。

從「費城會議」延續到各州的審議會議，普遍的預期都是：成功地主持了

《憲法》草案形成的「President」華盛頓，將在《憲法》通過後當選並擔任第一任「聯邦」的「President」。這項預期，大有助於許多人解除對於總統任期長達四年的疑慮。

畢竟，這些記得「Where annual elections end, tyranny begins.」口號的人，也都記得革命戰爭一結束，功勳彪炳的華盛頓將軍如何二話不說，就將他手上的龐大軍權交給新成立的「邦聯」，孑然一身退回自家莊園，拒絕保留任何權力。這件事震驚了全北美。他們搜尋腦中存留的歷史資料，還真找不出任何一個前例，一個人自動拋棄這麼大的軍事權力。

他們更記得，如果不是華盛頓將軍同意擔任「費城會議」的主席，誰會對「費城會議」有任何期待呢？一旦有華盛頓將軍參與並主持，「費城會議」就變成了一個重要會議，各州都有壓力要選派最優秀的代表人選參加，這些被點名、推舉的代表，也都找不到理由不去參加。

由華盛頓來擔任第一任總統，大家就不在意他當四年，甚至還會希望他當得更久些。《美國憲法》對於總統有四年任期限制，但對於連選連任卻沒有任何限制。要不要設連任次數限制呢？這個問題曾在「費城會議」上討論過，最後說服與會代表不設限的，仍然是美國現實狀況的考量。

總統要負責「聯邦」的外交，而美國的外交最主要是面對歐洲。十八世紀的歐洲，幾乎都是君主國家，美國總統要打交道的，是這些終身不必改選的君王們。人家一幹幹一輩子，如果美國總統規定只能當八年、十二年，別人清楚明白你幾時非下台不可，會把你當一回事嗎？會以平等的外交地位與儀節對待你嗎？

因而最好的安排是：總統有任期，任期屆滿必須接受選民的複驗，但只要他能獲得支持，就可以一直做下去。他擁有如同君王般的地位，也可能擁有君王般的在位時間，但在四年一次的改選檢驗下，他不會變成獨斷獨行的君王。

「費城會議」上也提到了這種安排的另一項好處——減少「退職總統」的問題。要知道，在那個時代，「退職君王」對所有人來說，都是無法想像的。幾百年來，只有兩種狀況讓君王從位子上退下來——死亡或放逐。活著的君王退下來還繼續自由活在那個國家的前例不曾有過。如果美國總統有連任限制，那就意味著一段時間後，必然會有好幾個「退職總統」活在這個社會裡，那會是多可怕的問題啊！

各州帶著這樣的預期通過《美國憲法》，同意加入「聯邦」：華盛頓將擔任第一任總統，而且以他的聲望與人格，他會在這個位子上一直連選連任，到他去世為止。這項預期大大減輕了各州對於總統職務的疑慮。

因而，一七九七年，當完兩任總統之後，華盛頓宣布放棄連任去職，再度使得全美震驚。如果連華盛頓這樣的人都只願、只能當兩任總統，那麼在他之後做美國總統的，憑什麼做得比他長呢？於是，美國總統頂多連選連任一次，就成了不成文慣例，一直到一九四〇年小羅斯福才打破這項慣例，選上了他的第三任期。[2]而小羅斯福也就成了美國歷史上空前絕後的孤例，因為一九五一年通過的第二十二條修正案，將美國總統只能連選連任一次的限制寫入了《美國憲法》。

不為後裔不為家族而濫用總統權力

我年少學習英文的過程中，曾經幸運地做過一件重要的決定，那就是認真、仔細閱讀過一本當時由「虹橋書店」翻印的小書，書中收錄了歷屆美國總統的就職演說詞。

不管選出來的美國總統再怎麼沒有知識、再怎麼沒有文采，他總是得想辦法讓自己的就職演說詞聽起來鏗鏘有力、充滿智慧。他的幕僚、文膽們一定小心翼翼替他準備這篇講稿，因為大家都知道，不管寫得好寫得不好，這都將是一篇歷史文獻，會長期存留下去。

在這種意識中寫出來的英文，一定是正式的，而且通常是漂亮的。但這文稿又是要讓新任總統在典禮上具體地唸出來，因而使用的英文又不能太「文」，必須要帶有一定的口語親和力，要講究聲音上的抑揚頓挫。這種文章不會文雅到充滿艱澀困難的字詞，也不會粗俗到出現鄙陋的表達方式。

通讀下來，就能明白為什麼林肯總統第二任就職演說詞如此重要，會被視為經典。那麼短、那麼直接、那麼簡潔有力，放在所有就職演說詞——包括林肯自己之前的第一任就職演說詞——之間，真的格外突出、格外精彩。

從十八世紀末，到整個十九世紀，除了一位泰勒總統外，所有的美國總統

2 小羅斯福做完第三任之後，又於一九四四年當選第四任，旋即於一九四五年四月十二日發生腦溢血，死在任上。

就職演說詞中，都一定會提到《憲法》。這是由第一任總統華盛頓立下的慣例。華盛頓的演說詞，最主要的內容就是重申《憲法》的重要性，以及陳述他對《憲法》賦予總統的權力與責任的認知、理解。

　　華盛頓第一任就職演說詞，是份重要的歷史文獻。史家後來在華盛頓的檔案中，找到了當年他的草稿。這份草稿比後來定稿長得多，一方面顯現華盛頓是如何鄭重其事看待此事，另一方面也記錄了許多後來並未公諸於世的真誠心境。

　　華盛頓的就職演說詞草稿中，有這麼一段話：

the Divine Providence hath not seen fit, that my blood should be transmitted or my name perpetuated by the endearing, though sometimes seducing channel of immediate offspring. I have no child for whom I could wish to make provision -- no family to build in greatness upon my country's ruin……

複雜的句子，不容易忠實、適切地譯成中文。

天意不認為我的血脈應該藉由我的直裔子孫來傳遞，也不認為我的名字應該透過我直裔的子孫來流衍，儘管那是美好且經常帶有高度誘惑的方式。我沒有需要為他們著想的孩子，我也沒有家族，不可能為了追求家族的偉大，而犧牲我的國家。

接下來：

No earthly consideration beyond the hope of rendering some little service to our parent country could have persuaded me to accept this appointment.

除了想要貢獻棉力服務國家的希望之外，沒有其他世俗的考慮能說服我接受這項任命。

這段話帶著一份悲哀。華盛頓的確沒有孩子，就連他領養的兒子，到他當選總統時都已經去世了。[3]華盛頓會打算在就職典禮上提及這件人生的遺憾，

3 華盛頓在二十七歲時娶了同齡的寡婦瑪莎・柯提斯（Martha Curtis），兩人之間並沒有生育小孩，但華盛頓領養了瑪莎和前夫所生的兩名子女。唯一的養子約翰・帕克・柯提斯於一七八一年獨立戰爭期間因感染流行性斑疹傷寒去世，享年二十六歲。

不是為了爭取同情，而是他明確了解，從《憲法》的精神上看，他沒有孩子、沒有家族這件事，有其特殊份量、特殊意義。

「費城會議」中的代表，絕大多數將華盛頓視為第一任總統的當然人選。之所以造成這種壓倒性的共識，華盛頓沒有兒子的事實，還是在其中發揮了一定的影響。到了各州「制憲大會」進行時，這項因素就被「聯邦派」以耳語方式當作有利條件加以傳播。「別擔心《憲法》施行後，會在北美新國家中造出一個歐洲式的皇帝來。《憲法》通過了，一定是大家尊敬的華盛頓當總統，誰會信不過他的正直與無私呢？而他甚至連兒子都沒有，要如何創建一個王朝？連華盛頓都沒有成為皇帝，他的繼任人，又有誰敢？有誰能？」

當時的預期是，華盛頓會一直連任、一直當總統。然而就算他當總統當到死，他也不可能將權力傳給那不存在的兒子，因此不會有世襲王朝的問題。

意識到這些傳言，意識到這項因素在《憲法》成立與「聯邦」肇建上的正面力量，華盛頓才想要在就職演說中清楚表白，使其成為不可更改的承諾，讓人民對「聯邦」，尤其對《憲法》所訂定的「聯邦」行政權，能夠更放心。

他要明白說：這些放在我身上的權力，我會無私地運用。沒有任何理由、任何誘惑，讓我將權力用在私人利益的追求上。在草稿上，除了提到沒有兒子、沒有家族榮光來令他分心之外，他還形容了自己從將軍職位上退下來後原本過的閒散生活，顯現了他在物質上全無匱乏的狀態，並且後來留在正式講稿上，婉拒從「聯邦」領取任何金錢酬勞。

華盛頓就任總統時，特別強調他沒有兒子，不會為了後裔擴張、眷戀權力，也就是不會讓美國出現新的世襲君王，不會有「朝代」。說這句話時，華盛頓絕對不可能預期到：從他開始，美國最前面的七任總統中，竟然只有一位有合法的男性後裔。

第二任總統約翰・亞當斯是唯一有兒子的一位。[4]傑佛遜也有兒子，但那是和奴隸生的私生子，不具備合法身分。[5]

一種解釋：這純粹是歷史的偶然。另一種解釋：美國總統是個帶惡咒的職位，人必須以沒有男性後裔為代價，才能換得那麼高的位子、那麼大的權力。

4 約翰・亞當斯有三個兒子。

5 傑佛遜據傳與家奴莎莉・海明斯（Sally Hemings）生下六名子女，其中四名長大成人，有兩個是兒子。

還有第三種比較現實的解釋：十八世紀到十九世紀初的時代氣氛下，美國人真的很擔心民主體制會倒退為君主制，很怕選出有兒子、會為了兒子去創建王朝的總統，因而在政治圈中，沒有兒子變成了一項有利因素，有助於這些人爬到「聯邦」權力的頂峰。沒有兒子，讓選民比較放心可以將總統選票投給他們。

第一任的美國總統選舉，華盛頓是當然的人選，另外跳進來和華盛頓競爭的，就是約翰．亞當斯。亞當斯的得票當然低於華盛頓，依照當時《憲法》的規定，他就以得票排名第二獲選為副總統。八年之後，華盛頓宣布不再競選連任，亞當斯成了理所當然的總統候選人，反對亞當斯的人立刻就舉出他不適任的重要理由——他有兒子！他的對手只有女兒，沒有兒子。[6]

亞當斯克服了這項不利因素，當選了總統。後來他的兒子約翰．昆西．亞當斯，還真的也當選了總統。[7]所以能怪當時美國人怕有兒子的總統嗎？能怪當時美國人擔心合眾國會被改造為王朝嗎？

聯邦真正繼承邦聯的是債務與條約

華盛頓要安撫美國人對於「聯邦」的恐懼。「費城會議」達成結論之初，與會人員，包括擔任主席的華盛頓，就意識到「聯邦」不是原有「邦聯」的修正版。正因為從「邦聯」到「聯邦」其實是斷裂式的飛躍發展，在《憲法》中才需要那麼多刻意凸顯「聯邦」和「邦聯」相似，「聯邦」繼承自「邦聯」的部分。

實質上，「聯邦」的「Congress」和「邦聯」的「Congress」天差地別，所以更是必須承襲「Congress」這個名字不可。實質上，「聯邦」的「President」和「邦聯」的「President」是完全不同的兩個職位，正因如此，更是不能改成別的名稱。

回到憲法內容上，其實只有第六條規範「聯邦」和「邦聯」的關係：

> 合眾國政府於本憲法被批准之前所積欠之債務及所簽訂之條約，於本憲法通過後，具有和在邦聯政府時同等的效力。

「聯邦」真正繼承「邦聯」的，不是權力安排，不是政府組織，而是「債務

6 亞當斯的對手就是傑佛遜。傑佛遜夫婦生了六個小孩，只有兩個女兒長大成人。

7 一八二五年就任的約翰·昆西·亞當斯是美國史上第一位有前總統爸爸（第二任）的現任總統（第六任）；第二位是二〇〇一年就任的小布希總統（第四十三任），他爸爸老布希是第四十一任。

及條約」。其中「債務」又比「條約」來得重要。

這是針對各州另一項可能的反對而來的。「邦聯」欠下了不少債務，如果各州能通過《憲法》，那麼新成立的「聯邦」將對這些債務概括承受，不會丟回給各州。「聯邦」擴張權力，同時也保證利用擴增的權力來為各州解決他們很難處理、很難解決的問題。「邦聯」成立多年，確實發揮過的作用，只有革命戰爭中協同軍事行動，革命戰爭之後代替各州集體承擔債務，讓各州得以喘一口氣。《美國憲法》明文承諾：新建「聯邦」會在債務上持續發揮這樣的集體承擔功能。

第六條接下來的條文：

> 本憲法及依本憲法制定之合眾國法律，以及合眾國已經締結及將要締結的一切條約，皆為全國之最高法律……

這部分內容，說的是相對於各州州法的地位。不只《憲法》高於各州州法，由「聯邦」國會訂定的法律，還有「聯邦」簽署的所有條約，其位階都高於州法。也就意味著，若州法和這些文件內容有所牴觸時，州法無效。

《憲法》中沒有明說，但在「聯邦參議院」最早的組織法源上，就明文規定：各州不得越過「聯邦」個別與其他國家締結條約。條約權由「聯邦」獨有。

各州法官都應受其拘束，任何一州的憲法或法律，均不得有違此條規定。

也就是說「聯邦」之內，不只是「聯邦」層級的法官，而是任何層級的法官，都不得做出州法高於「聯邦」法律的判決。

維護憲法是擔任公職的必要條件

《美國憲法》第六條的最後一部分內容：

前述之參議員及眾議員、各州州議會議員、合眾國政府及各州政府之一切行政及司法官員，均應宣誓或誓願擁護本憲法……

這就是有名的「Constitution Oath」。不論屬於立法權、行政權或司法權的聯邦及各州公職人員，就職時都必須宣誓效忠《憲法》。後面還有：

合眾國之任何職位或公職，皆不得以任何宗教作為任職的必要條件。

這一方面為了保護宗教自由，防止宗教成為十三州之間的衝突變數；另一方面更是表白了：在公共事務上，《美國憲法》高於宗教。甚至可以說，對所有美國公職人員來說，《憲法》就是他們的宗教，不願、不能接受《憲法》至高地位的，就不適合擔任公職。

《憲法》訂定之時，美國各州州憲或州法，不乏類似的「宗教條款」，以特定宗教作為公職人員任用資格檢驗。例如，維吉尼亞州規定必須宣誓表示相信「Trinity」：聖父、聖子、聖靈三位一體，才能擔任公職。按照《憲法》第六條如此規定，一旦「聯邦」成立了，維吉尼亞州原有的這項規定，就在牴觸《憲法》的情況下，必須予以廢止。

《憲法》如此公然侵犯州權，不只規範「聯邦」公職人員，連各州公職人員都納入管轄，最主要的理由，在於避免各州因宗教差異、因宗教意見而引發衝突。雖然美國各州人民具有強烈的宗教信仰與熱情，但有一項歷史先例一直在他們心中。如果不是歐洲的宗教衝突，如果不是引發激烈、漫長的「宗教戰爭」的情緒，清教徒們不需要從英國遠渡重洋移居北美，也就不會有北美殖民地的出現了。

「宗教自由」，或說中立的宗教立場，至少比「宗教戰爭」的陰影、威脅來得好，這一點，基於記憶猶新的歷史教訓，各州人民還聽得進去。

在美國從事公職的人，不管在哪一州，不需也不能宣示信仰上帝，卻一定要宣示信仰《憲法》。這是對盧梭「主權在民」概念的進一步落實。必須信仰《憲法》，因為《憲法》就是人民主權，是由「We the People」所制定的。在公共領域中，「We the People」高於一切，不相信「We the People」，不服從「We the People」，就沒有資格處理公共事務。

效忠《憲法》的實質意義是：宣誓者有義務，也有權利，不接受不合《憲法》、違背《憲法》的事務。每一個聯邦公職人員，忠於誓詞，他應該隨時將《憲法》放在心上，以《憲法》作為工作上是非的最終權衡，也就是隨時警覺地進行著「違憲審查」。

這是《憲法》最堅實的保障，避免《憲法》被忽略、誤用、濫用的日常防線。司法權中「最高法院」所進行的具體「違憲審查」，只是如此層層防範中的最後一關，遇到了不同人、不同機關對於是否「違憲」有截然不同、無法調和的看法時，只好訴諸具備法學專業權威的「大法官」來做最後評斷。比較容易看出是否違憲的案子，不會、也不需要上到「最高法院」，在各權執行時往往就已經先解決了。

立法權訂定了違憲的法律，行政權可以不簽署、不執行，退回立法機關。行政權所為違憲，立法機關可以質詢、糾正，甚至發動彈劾。對於違憲的法律，法官可以拒絕按照該法律進行判決。屬於司法權的「大陪審團」、「陪審團」也可以拒絕按照違憲的法律起訴任何人、判處任何人有罪。立法、行政權運作中出現的任何違憲情況，都可以遭到司法權調查。如此錯縱複雜的網絡保護著《憲法》的尊嚴。

《美國憲法》規範的對象不是人民，是政府

《憲法》用來管轄誰、規範誰？

我們經常誤以為《憲法》是規範公民權利與義務的文件，不太對。至少《美

國憲法》在精神上與程序上清清楚楚：《憲法》是經由公民許可與認定，用來規範公民願意讓渡些什麼樣的權利，來組織政府。

這是從「邦聯」到「聯邦」的關鍵變化，斷裂式飛躍的變化。從「邦聯」到「聯邦」，《憲法》必須處理的問題，是如何取得公民的足夠授權，成立一個真正有能力保護公民、造福公民的政府。「邦聯」的缺點在於無能，而不在侵犯公民權利。換從相反方向看，「邦聯」最大的長處，也就在不會讓各州公民有權利可能會遭到移轉、侵犯、剝奪的危險。《美國憲法》試圖要說服各州公民願意給新的「聯邦政府」比「邦聯」更大更多的授權，要達成這個目的，《美國憲法》就必須明文，毫不含混、毫不曖昧地說清楚：政府從公民身上取走怎樣的權利，以及用什麼方式來運用公民所交付的這些權力。

所以《美國憲法》當然不是規範人民的，而是規範公共權力。誰擁有公共權力，行使公共權力，誰就受到《憲法》的限制，就必須宣誓信仰《憲法》，在運用公共權力一事上，他不能有高於《憲法》的其他標準，只有如此，他才能透過《憲法》取得「We the People」的信任與授權。

《美國憲法》第一條規範立法權如何運用，第二條規範行政權如何運用，

第三條規範司法權如何運用。然後，第四條規範「聯邦」和各州在公共權力上的關係。第五條規範如何修改《憲法》，讓《憲法》隨時符合「人民主權」，作為「人民主權」意志的展現。第六條則說明並確認，《憲法》具備有在公共權力上的至高地位。第七條規定這部《憲法》如何生效。

如此而已，乾淨、簡單、一致，沒有任何節外生枝的蕪雜內容。《美國憲法》中說了什麼，和這部文獻中沒說什麼，對什麼事情保持沉默，同等重要。比對一下吧，看看《中華民國憲法》和《美國憲法》的差異。《中華民國憲法》中有條文特別規範「人民有依法律納稅之義務」（第十九條）、「人民有依法律服兵役之義務」（第二十條）、「人民有受國民教育之權利與義務」（第二十一條）。但《美國憲法》中找不到類似的條文，裡面沒有對「國民義務」的規範。

《中華民國憲法》的邏輯是，人民有權利，相對也就有義務。所以整個第二章標題就是「人民之權利義務」。但《美國憲法》的邏輯不是這樣。《美國憲法》是由人民訂定，依循盧梭的理論，每一個人身上原本具備「主權」，不容侵犯、更不容剝奪，不過為了創建一個政府來處理個人無法個別處理的公共事務，所以人民集合起來，共同同意讓渡部分權利給政府，《憲法》基本上就是這樣一份人民讓渡主權以組織政府的形式契約。

契約是由人民發動的，重點在於將本來屬於人民的權利交付給政府，變成由政府來行使公共權力；所以這份文件的目的，也就理所當然是規範、要求政府不得誤用、濫用原本不屬於他們，而是由人民同意讓渡的權利。就像一份借據，內容一定是針對借方，用什麼方式依如何條件借錢，應該如何交付利息、如何還款，出現什麼狀況借貸就取消……這份借據，上面不會有什麼對出借貸方的規範。

人民義務，不是《憲法》要處理的。《美國憲法》通過，第一任國會成立，一七九一年又增補了十條修正案，統稱為「權利法案」。「權利法案」每一條，也都是站在人民主權的立場，進一步限制「聯邦政府」作為的。

例如說最有名的「第一條修正案」，一般被稱為「言論自由保護案」，在文詞上，其條文並不是如《中華民國憲法》第十一條「人民有言論，講學，著作及出版之自由」那樣論列的。《美國憲法第一條修正案》的寫法是：

國會不得制定關於下列事項的法律：確立國教或禁止信教自由；剝奪言論自由或出版自由；或剝奪人民和平集會和向政府請願伸冤的權利。

差別在哪裡？《美國憲法》不是訂定人民擁有什麼樣的自由，而是規範美國政府，包括代表人民制定法律的國會，不得擁有什麼樣的自由。這條修正案明白限縮人民對於國會立法權的授權，國會擁有的立法自由，不包括「制定關於下列事項的法律：確立國教或禁止信教自由；剝奪言論自由或出版自由；或剝奪人民和平集會和向政府請願伸冤的權利。」

這樣的寫法背後的邏輯是：人民本來就是自由的，人民本來就擁有一切權利，是為了讓政府有能創建一個對大家都有利的公共環境，人民才讓渡《憲法》中明定的權利給政府。「信教自由」、「言論自由或出版自由」、「人民和平集會和向政府請願伸冤的權利」，本來就屬於人民，這個條文說得斬金截鐵，不論以任何理由，政府都不具立法侵犯這些人民權利的自由。

人民是自由的，政府是不自由的。《憲法》中沒有明列讓渡給政府的權利，就仍然屬於人民。這是《美國憲法》的根本精神。《美國憲法》不需列明人民權利，因為他的出發點就是「We the people」訂定來規範公共權力的一份契約。人民是這份契約的主人。

聯邦政府再強大也不得踰越憲法

別小看《美國憲法》的這份根本精神與邏輯。這是《美國憲法》最獨特之處，甚至可以說是美國最獨特之處。《美國憲法》制定後兩百多年來，全世界多少國家相繼也訂定了他們的《憲法》，其中許多都取材、仿效《美國憲法》，包括《中華民國憲法》在內。然而絕大部分表面承襲《美國憲法》的其他《憲法》，都沒有真正套用《美國憲法》的這份根本精神與邏輯。

美國會成為今天這樣一個國家，會在二十世紀以其獨特的政治制度興起於世，和《美國憲法》的這份精神與邏輯，密切相關。《美國憲法》的精神，是在歷史情境的矛盾需求間刺激產生的。

一方面，十三州共同參與了「獨立革命」，成功地從英國殖民下脫離出來。革命追求的，是「獨立」與「自由」；革命反對的，是英國母國的干預與壓制。若是不能保有「獨立」與「自由」，革命就白費、無意義了。

另一方面，革命成功後，十三州共同組成的「邦聯」一塌糊塗。沒有了英國這個共同敵人，離開了軍事協同行動，十三州找不到一種有效的組織合作方式,「邦聯」無法發揮太大的作用。

又要保留十三州及全體人民從革命中爭取來的獨立與自由,又要組織一個有行動力(也就必然有強制力)的政府,這是擺在「費城會議」代表面前的兩難。一百二十七天的漫長討論中,浮現了一個聰明、巧妙的解決辦法:建立一個超越各州的強大政府,但同時以一份近乎神聖、不得違背,也很難更改、推翻的文件,明白規定政府的自由。政府雖強大,只能在《憲法》畫出來的嚴格空間中作為,不能踰越《憲法》任意行事。

對比對照「法國大革命」。發生在一七八九年的這場革命,延續了半個世紀的動亂,使得法國社會翻天覆地長期不得安寧。雨果的小說《悲慘世界》設定的時代背景,最終是一八三二年,離「大革命」爆發已經四十多年了,巴黎的人們還活在革命的焦躁情緒中,還爆發了可歌可泣的抵抗巷戰。

美國如何得到革命後的平靜?美國也不是一七七六年發布《獨立宣言》之後,就立即建立為一個有效、上軌道的國家。有十多年的時間,美國人、美國社會也陷入混亂、迷惘中,甚至最大的混亂、迷惘就是到底有沒有、要不要有「美國人」、「美國社會」這樣的集體認同、集體組織?

一七七六年所發生的事，是北美殖民地脫離英國統治。要到了一七八七年，乃至一七八九年，藉由《美國憲法》的訂定到通過，一個新的國家才真正誕生。以「聯邦」形式產生了「合眾國」，同時也產生了超越各州之上的總體「美國人」——「We the people」。

一七八七年，「邦聯」搖搖欲墜，才有開「費城會議」來修改《邦聯條例》的需要。然而，一旦真正討論《邦聯條例》，與會代表很快就明白，光是修改《邦聯條例》不足以挽救十三州聯合組成的國家。「聯邦派」在會議中形成、崛起，他們的政治前提很清楚——無論如何必須保有十三州共同組成的國家，讓這個國家發揮力量解決眼前問題。將國家解散，回到原來十三個殖民地各自獨立的狀態，不在他們的考慮範圍內。

解決問題需要什麼樣的權力呢？需要近乎「王權」般的集中行政權，才有辦法對抗主要仍然由「王權」控制的歐洲諸國。「聯邦派」人士相信：「王權」比民主要來得有力、有效果。所以他們進行了一場華麗的思想冒險，用「王權」的概念來建構行政權，然後動用孟德斯鳩提出的「三權分立」監督制衡理論，讓擴大後的行政權有所節制。更進一步，用嚴格的憲法，尤其是嚴格的「主權在民」的憲法精神，牽制、拘束國家所有的公共權力。

他們熟悉英國政治，因而他們明確地放棄了以英國為榜樣的政治制度建構。取而代之的，是孟德斯鳩、盧梭的政治理論成為根本的理念指導。這部《憲法》的概念有根源、有來歷，但落實為如此複雜的政治現實，卻絕對是人類文明史上空前的新鮮事。

第六章

實施「總統制」需要守法的社會

《美國憲法》將行政權責任落在單一個人身上，
不需政黨連帶保證，也就不受政黨的牽制。
但這個人權力這麼大，所以必須讓立法權、司法權兩頭夾住行政權，
讓三權各自獨立，彼此監視，
如此才能降低巨大權力被主觀意志給誤用、濫用的可能性。

首相制負責的是政黨，總統制負責的是個人

很多地方可以找到《美國憲法》的影子。例如說「總統制」就是一個清楚的指標。《美國憲法》徹底脫離了英國國會首相制，規定由不具國會議員身分的「總統」來掌有行政權。

「首相」和「總統」，這兩個詞的中文翻譯，仍然保留了其制度上的重大差異。「首相」，「Prime Minister」，是所有的「Ministers」中排在最前面的一位。他和其他內閣部長之間，不是權力層級上的差距，而是同一個層級上的先後排序差距。是「difference in degree」，而不是「difference in kind」。因為在他們上面，有國王，國王的權力才是和他們不同等級的。他們都是「相」，協助國王掌理國政，「首相」不過就是所有「相」中的排頭第一位。

「總統」不是這樣的概念。他統理一切事務，是行政權的單一掌管者。他和他的部長們，不是平行、平起平坐的。美國總統底下的行政首長，我們一般譯為「部長」，像「國防部長」，但在英文原文中，他是「Secretary of Defense」，直譯的話，是「國防秘書」。是的，他的位階是美國總統在國防事務方面的主

要幫手。

美國聯邦官職，我們絕大部分都譯為「部長」，有趣的例外是「國務卿」。「國務卿」原文是「Secretary of State」，這個職位是負責外交的，因而這個詞傳進中國較早，得到了一個比較古老、但相對也比較精確的翻譯。「卿」是中國古代封建制度中，負有協助國君處理政務這樣特定責任的大夫。

有「國務卿」，就意味著「國務卿」服務的對象，是個國君。的確，《美國憲法》就是按照君王的模式來訂定「總統」角色的。在行政上，他「總統」一切，因而他負擔全部責任。人民，不管是早期透過間接選舉，或後來透過直接選舉，就是選出他，給予他如同君王般的行政權力，讓他自己去選擇所需的助手，即「秘書」們。

「總統」和君王最大的不同處——他的權力僅限於行政上。他不能干預立法，更不能干預司法。相反地，他必須遵守國會訂定的法律，接受司法對於他是否忠實守法的嚴格檢驗。

「總統制」給的是君王般的行政權，至少是短期的君王。依照《美國憲法》的精神，選擇「總統制」就是選擇一個握有行政大權的領袖角色，希望他能大開大闔興利除弊。換句話說，「總統制」背後所代表的，是積極的行政作為思考。

但這樣的「總統制」設計，在傳衍到其他國家的過程中，幾乎都被大幅修改了。包括表面上也採取「總統制」的《中華民國憲法》。理由很簡單：美國式的「總統制」，用意在創造一個類似君主般的行政首長，給予他很大的權力空間，然後用嚴格的法律架構來限制他在這個空間中不能任意走歪路。那是真正如孫中山先生形容「人民有權，政府有能」的政治安排。這種安排，在「權」與「能」之間，必然存在著高度緊張衝突，只能靠對於法律的充分信任與尊重，才能處理、解決。顯然，包括中華民國在內，大部分國家對於法律、對於社會的尊法守法態度，都沒有那麼高的自信，不敢追隨美國前例，實施這樣的「總統制」。

然而從政治法理上看，半吊子的「總統制」不會是好選擇。如果真的不願意交付那麼大的行政權給一個人，更好、更適當的選擇，應該是「首相制」或「國會制」。那是一種集體性的行政權安排，行政權不只分散在內閣部長身上，而且更進一步分散在全體執政黨的國會議員身上。行政權與立法權之間，沒有那麼明確的畫分。行政權與立法權不全然是制衡、對抗的關係，更多時候是彼此配合、合作的。對選民負責的，不是首相，而是整個政黨，首相是以政黨黨魁的身分坐在那個位子上的，一旦他失去了對於政黨的控制，也就同時失去了首相職位。

《美國憲法》充分體現個人主義的價值，行政權責任落在單一個人身上，他不需要政黨連帶責任保證，也就不受政黨的牽制。將那麼大的權力交給一個人，所以必須讓立法權、司法權兩頭夾住行政權，三權各自獨立，彼此監視，降低巨大權力被主觀意志給誤用、濫用的可能性。

總統是執行長，執行人民的主權意志

《美國憲法》第二條第一款：

> 行政權力賦予美利堅合眾國總統。總統任期四年。總統和具有同樣任期的副總統，應照下列手續選舉……

開頭是規定總統、副總統選舉方式的。讓我們看一下原文：

The executive Power shall be vested in a President of the United States of America. He shall hold his Office during the Term of four Years, and, together with the Vice President, chosen for the same Term, be elected, as follows.

開頭第一句，不像中文翻譯顯現得那麼簡單，那麼理所當然，雖然只有幾個字，卻藏了許多蹊蹺。一個特別之處，前面提過了，在於「President」這個頭銜的選擇。那個時代，「President」不是個權力職位，給人的感覺，不過就是個主持會議的人，在權力印象上，遠不及「Governor」。

連帶的一項特別之處，是「a President of the United States of America」，這個不定冠詞「a」。在文法上，加了「a」，顯現這樣一個「合眾國總統」並非原本就存在的，而是由這份《憲法》同時新創造出來的。一方面，將這位行政權掌管者命名為「President」，看起來好像是延續《邦聯條例》中主持「各州代表會議」的那個角色；另一方面，卻又細膩地在文中加了「a」，表白：這個「President」職位是當下、現在，才由《憲法》訂定、規範出來的。

還有，「executive Power」和中文「行政權」，也有微妙的差別。現在的企業組織中，最常見的職位叫CEO，英文全名是「Chief of Executive Office」。中文把擁有這個職位的人，稱為「執行長」，不會把他叫成「行政長」。一般企業組織中會有一個「行政」部門，但「行政」部門的位階，不可能和「執行長」一樣高，通常都是隸屬於「執行長」管轄下。

還有，CEO這個角色，是對董事會負責的。董事會是公司組織的擁有者，「執行長」則是經營管理的負責人。「執行長」執行什麼？在這樣的組織邏輯中，顯然是執行董事會的意志。

「執行」這個詞，比「行政」更接近《美國憲法》中規範的「executive Power」。《美國憲法》第一條，先說立法權，說完了「立法權」，才說「行政權」。必須說完了「立法權」，規範好了「立法權」，才有辦法安排「行政權」。因為「立法權」是人民主權的落實，是人民意志的代表與展現，而「行政權」，或說「執行權」，就是用來執行人民主權意志的。

總統所掌有的權力，是「執行權」，執行由「立法權」所交付的任務，就像公司治理上，「執行長」要執行、實現董事會與股東意志一樣。「立法權」與「執行權」，具備這樣的位階關係。

選舉人團是變相的總統直選

第二條第一款接下來的條文明確規定總統、副總統的選舉辦法。首先，由各州州議會訂定辦法，選出「選舉人」(Electors)。「選舉人」如何產生，屬於「州權」，「聯邦」必須尊重，因而交由州議會決定，《憲法》中沒有任何限制。

《憲法》中只規定兩件事：第一，各州「選舉人」的數目，因為牽涉到各州在「聯邦」中的大小權力分配，所以規定其總數，剛好等於各州「聯邦參議員」和「聯邦眾議員」席次的總和。用這種方式訂定，人口多的大州，在決定總統人選上，會有較大的影響力。然而人口少的小州，不管小到什麼程度，至少會有一席「眾議員」(《憲法》保障)，加上兩席「參議員」，一共有三票，具備高於單純只按人口比例計數時的決定權。

《憲法》給予的另一項限制是：

參議員、眾議員，以及任何在合眾國政府擔任有責任及有俸給之職務的人，均不得被指定為「選舉人」。

為什麼要有這項限制？或者換個方法問：既然各州的「選舉人」人數等於「參議員」加「眾議員」，那麼就指派「參議員」和「眾議員」擔任「選舉人」，不就最直接、最方便？幹嘛還需要另外選「選舉人」？

表面上看到的直接、方便，恰恰就是《憲法》試圖要避免的。《憲法》上有總統任期限制，沒有連任次數限制。在這種情況下，參與總統選舉的候選人中，顯然經常會有尋求連任的現任總統。「參議員」、「眾議員」必然熟識現任總統，如此一來，現任總統佔有太大的優勢，在和「選舉人」的人際關係上，挑戰者根本無法競爭。二來，預知這些人就是決定他將來是否能連任的「選舉人」，現任總統的施政考量，必定會因此而扭曲。如果他和國會之間永遠存在著這樣一種權力利益關係，也就永遠存在著私下或公開交換的誘惑。

不讓總統預知「選舉人」是哪些人，盡可能排除總統運用其「執行權」來影響「選舉人」決定，是這項規定的關鍵精神與用意。也就是說，雖然現實條件下，《美國憲法》訂定之初，不能不採取「間接選舉」來產生總統，然而條文中明確地反映了拒絕讓總統選舉控制在少數人手中、由複雜關係與利益交換來加以決定的考量。

更擴大來看，這背後的原則是：選舉人和被選舉人，不應該、不可以是固定的關係。被選舉人可以預知選舉人的利害所在，他就可能藉由操控利害，無論是威脅或利誘，來影響被選舉人。《美國憲法》明示：這樣的選舉條件，不會產生最好的結果。

也就在這裡，其實一七八七年的條文內容中，就埋下了總統選舉、乃至於一切選舉，應該盡量採取直接選舉的伏筆。間接選舉——由少數代表，而非全體選民，來行使投票權——縮小選舉人的數目與範圍，必定拉近被選舉人和選舉人之間的距離，讓被選舉人容易以其他因素、力量來影響選舉人，如此產生的結果，在根本價值上，一定不夠好。間接選舉，只能作為條件不足情況下的權宜、代替方案，只要條件許可了，就應該以直接選舉代替間接選舉。

美國目前的總統選舉制度，非常複雜。每位選民都可以投票支持心目中的候選人，選票上出現的是總統候選人的名字，但是決定誰當選總統的選票加總方式，卻又不是將各個候選人在全國得到的總票數拿來比較就好了。

中間仍然保留了「選舉人」，或說「選舉人團」。「選舉人團」是以州為單位，其人數和最早的《憲法》條文規定一樣，等於該州「參議員」和「眾議員」的人數加總。州民投下的選票，是決定他所在那一州的「選舉人團」票，應該由哪一位總統候選人獲得。

特別叫「選舉人團」，因為這中間已經不存在個別「選舉人」的投票行為。「選舉人團」就是一個不可分開的數字。

最小的州，如阿拉斯加州，有三張「選舉人團」票；[1]最大的州，加州，有五十五張「選舉人團」票。但不管是三張或五十五張，都是不可分割的。阿拉斯加州選民進行的總統選舉投票，就是為了決定這三張「選舉人團」票屬於哪位總統候選人。在阿拉斯加州獲得最多選民票的候選人，就獲得這三張「選舉人團」票。在加州也是同樣的情形。即便一位候選人在加州獲得百分之四十九的選票，另一位候選人獲得百分之五十一，加州的五十五張「選舉人團」票通通歸於後者，前者連半張都分不到。

「選舉人團」制實行那麼多年，引發了許多爭議，還創造出二〇〇〇年高爾與小布希選舉時的大混亂。據統計，歷來在美國提出的修憲案，其中有高達

1 只有三張選舉人團票的州還包括：佛蒙特、德拉瓦、華盛頓特區、南達科他、北達科他、蒙大拿與懷俄明。

十分之一是針對「選舉人團」制來的。

複雜得連許多美國選民都搞不懂，制度中有明顯看起來不合理的地方，現實上又曾經製造許多混亂……會有人想要推翻「選舉人團」制，一點都不意外。真正奇怪的是，那為什麼這些提案都沒有成功呢？

關鍵在：不管從常識上看「選舉人團」制有多糟糕，這個制度有其《憲法》上的道理，一旦訴諸《憲法》層次的專業思考，這個制度就沒有想像中那麼容易被推翻了。

首先，「選舉人團」制不是間接選舉。並不是由選民選出代表來，將選舉總統的權力交付給這些代表來行使。現行制度中的「選舉人」，不同於我們以前的「國大代表」，選民只能選出「國大代表」，由「國大代表」來決定要支持誰當總統。美國各州的「選舉人」沒有這個權力。種種規定幾乎是必然強制他們要按照州內選民的投票結果來進行投票。州內選民大多選了共和黨候選人，「選舉人」就只能集體將票投給共和黨候選人，沒有自由可以改投民主黨候選人。這種方式的目的就在於徹底取消「選舉人團」制的間接選舉性質。

「選舉人團」是變相的直接選舉，而讓直接選舉「變相」的，是對於「州權」

的讓步。採取簡單的直接選舉，美國聯邦總統就是所有美國人選出的總統。他跳過州的層級，直接從人民那裡獲得賦權。如此一來，在政治上，他也就不需要考慮各州立場，久而久之，各州的政治地位、政治功能，相較於聯邦與總統，必然會下降、減少。那麼，總統所握有的「行政權」，其構成原則就和「立法權」有了出入。

「立法權」中有明確代表各州的「參議院」，相應地，總統的「行政權」就應該要有部分來自各州，要不然《憲法》中努力維持的「立法權」與「行政權」關係會出現無法彌縫的漏洞。「州權」在「立法權」中那麼重要，但必須向「立法權」負責以執行「立法權」意志的總統，卻可以忽略不理「州權」，怎麼看都不對。要讓總統不經各州介入，不管選民屬於哪個州，只看其加總直接選票，那同時就得廢掉「參議院」，但如此一來，美國也就不再是個「聯邦」了。

和美國的「聯邦」體制重要性相比，「選舉人團」造成的困擾、麻煩就沒那麼了不起了，「選舉人團」也就一直存在，不可能被廢除。

選舉人是會注意他州事務的菁英分子

美國興起之前，談論「民主」的共識是：「民主」只適用於小國寡民的政體。訂定《美國憲法》，創立「聯邦」，因而帶著大膽的實驗性質——要打破歷史先例，在廣土眾民的條件下實行「民主」。

歷史上的希臘，有很多城邦在內部實行民主，然而雅典崛起擴張後，並沒有把民主帶到雅典城邦以外的地區。雅典之外，他們用的是強勢帝國的管理方式，當地的居民沒有權利參與該地的政治決策，更不用說要參與雅典的政治決策了。

歷史上的羅馬，在初期實行共和制度，然而隨著羅馬勢力的增強，共和就愈來愈難維持。到凱撒時，共和制度殘存的力量都消失了，羅馬進入了皇帝制的新時代。

民主是經不起擴張的。雅典的擴張，將本來的「民主制」實質轉變為「寡頭制」。幾萬名雅典城邦公民，壓在幾百萬人頭上進行統治。羅馬的擴張，則產生了一連串的強人，最終強人廢除了民主。

這樣的教訓，深深留在「費城會議」的代表心中。他們自覺在做一件如果相信歷史前例，照道理講不可能成功的事。他們唯有的安慰就是：我們的「大」，是聯合起來的結果。真正的民主，是在各州的層級進行的，州沒有那麼大，所以是適切的民主單位。

那個時代，不可能想像以全國為範圍的直接民主。即便是華盛頓將軍，也不可能讓十三州所有公民通通都認識。連要讓他們弄清楚這次是誰在選總統，都很難有把握。當弄不清楚究竟誰在選總統，這些人如何就總統人選進行投票呢？

假設維吉尼亞州出了一位候選人，紐約州也出了一位候選人，但絕大部分德拉瓦州的公民從來沒聽過這兩個人，你叫他怎麼投票，怎麼投下有意義的一票呢？

因而在《憲法》成立之初，對於「選舉人」的想像，那是一群特別關心「聯邦」事務，也就是除了本州之外，還會注意到別州事務的菁英分子。這些人在州內有一定的名氣，能為州議會議員所知，將他們選出來，利用他們的知識與關懷，去替全州選出最好的總統來。

「選舉人」還有另一項功能。他們要負責向該州人民解釋，他為什麼投這個人，而沒有投那個人。解釋過程中，他們也就將自己在這方面累積的知識與洞見，傳遞給州民，提升州民對於「聯邦」事務的興趣與認知。

設計出「選舉人」制度，還有另外一項不得已的考量。《美國憲法》規定「聯邦眾議員」的席次應由人口普查結果來進行分配。人口普查每十年要由「聯邦」主導辦理一次。為什麼「聯邦」來辦普查，而不是簡單運用各州的資料加總就好？各州也都有州議會選舉，他們手上不可能沒有人口資料吧？由聯邦來做，是為了公平，為了防止各州因為要爭取在「眾議院」中較多的席次，而將人口數字灌水。

然而普查出來的數字，就算準確、可靠，也是一般人口，不是選民。對於選民，「聯邦」無法像調查人口那樣進行跨州普查。那個時代，對於能夠取得選舉權的標準，各州都不一樣，而且各州都經常在調整、改變。沒有一個普世、簡單的標準存在（例如「所有十八歲以上的成年人」），就使得「聯邦」政府沒有辦法介入接觸公民，只能由各州依照自己的規定去動員。

各州有不一樣的標準，給這些不同標準下形成的選民，每個人一票來選總統，實在沒有道理。有些在A州擁有選舉權的人，到B州根本就沒有資格投票。這樣的選票不等值，而且很容易成為各州操弄來影響「聯邦」選舉的工具。

唯一的解決方式，是忽視各州內部相異的選舉權資格規範，授權各州依照他們的規定，動員他們認為有資格的選民，選出「選舉人」來。在「選舉人」這個層級，每一個「選舉人」都是合乎州法選出的代表，他們的選票就等值了。

聯邦意識有賴選舉人手上的第二張票

《美國憲法》第二條第一款接下來規定：各「選舉人」應在所屬州內集會投票選舉總統。不過每位「選舉人」可以投兩票，但兩票當中至少要有一票投給不是本州的候選人。作為一位「選舉人」，如果你的州裡有候選人，當然你可以、你也八成會將選票投給他，但你另外還有一張選票，你得在外州的候選人中找出你認為最適合的。

這又是「聯邦派」和「州權派」角力妥協的結果。「選舉人」的選舉尊重「州權」，由各州自行決定選舉方式，既然「選舉人」由各州選出，理所當然可以預期：州民會要求他們支持本州的候選人。但如果每州的「選舉人」都必然投票給本州候選人，選總統就非但無助於「聯邦」的運作，還將助長州與州之間的競爭、衝突。既然不可能叫「選舉人」不投本州候選人，那就多給他們一張選票，為了這張選票怎麼投，他們需要用心了解其他州的人選，還有，他們需要考慮在「聯邦」而非「州」的立場上，什麼樣的人選最適合。

換從另一個方向看：任何一位總統候選人大概都能獲得本州「選舉人」的支持，如果「選舉人」只有一票，那麼擁有較多「選舉人」的大州就佔有絕對優勢了。到後來，選總統比的，又還是人口多寡的現實條件，如此一來，一定不能取得小州的認同。

多加一張選票，情況就大不相同了。就算出身最小的州，本州「選舉人」鐵票最少的候選人，都可以藉由爭取到許多「第二張票」，輕易擊敗缺乏「第二張票」支持的大州候選人。「第二張票」才是勝負關鍵所在，如此一來，所有候選人都必須使出渾身解數，努力爭取「第二張票」，他們非得要有一種超越狹窄「州」本位立場的主張，才有可能說服夠多的他州「選舉人」，將他們手上的「第二張票」投給他。「聯邦意識」要靠這種跨州的聯繫、說服，才有辦法逐步堅實地建立起來。

各州「選舉人」的投票結果，經有效簽名認證後，送到國會，在「參議院」和「眾議院」的聯席會議上公布。要當選總統，首先得票數必須超過「選舉人」總數的一半。其次，必須得到最多的票數。但如果有超過一個人以上的得票都符合前面條件（「選舉人」一人有兩票，理論上最多可以有三個人獲得超過總數一半的票），而他們的票數又相同，就由「眾議院」在開票當場，針對同票候選人，進行第二輪投票。

還有，遇到沒有任何候選人得票過半時，也是由「眾議院」從得票數最高的五位候選人中進行第二輪投票。

不過，為了貫徹不將總統選舉權力交到國會議員手上的制度考量，「眾議院」的第二輪投票，不是議員個別投票，而是以州為單位來投票。不管州內有多少位「眾議員」，每州都只有一票。各州「眾議員」自己內部協調好，決定整個州的選票要投給誰。用這種方式，候選人必須取得過半數州的支持，才能當選總統。

也就是說，如果採取較複雜的「聯邦」精神設計的「選舉人」制度，無法順利選出總統，那麼就回歸到「邦聯」的舊辦法，尊重「州權」，以州為單位來決定總統人選。很明顯，這又是在「聯邦權力」與「州權」之間擺盪的平衡安排。

參選美國總統沒有財產限制

再下來，《美國憲法》規定了擔任美國總統必須具備的條件：

> 只有出生時為合眾國公民，或在本憲法實施時已為合眾國公民者，可被選為總統。凡年齡未滿三十五歲，或居住合眾國境內未滿十四年者，不得被選為總統。

這段話列明的條件很重要，但這段話該說而沒說的內容，同等重要。必須出生在美國，必須年滿三十五歲，這是說了的。然而在當時的政治環境下，格外醒目、驚人的是：除了這兩項條件外，沒有其他任何資格限制。

對照當時十三州「州憲」，要在任何一州擔任州長，乃至於擔任州議員，甚至只是作為選民獲得選舉權，都有財產限制。沒有一定的財富或土地，不能正式參與政治。也可以誇張一點說：沒有一定的財富或土地的人，從政治角度看，等於不存在。

這又是《美國憲法》突破性的進步精神所在。一個有能力的窮人，在自己的州裡，連基本的投票權都拿不到，卻無害於他力爭上游去當合眾國的總統。合眾國所有行政權、執行權的掌握者，不需要是個有家產、有背景的仕紳。光憑著在美國出生、活到超過三十五歲，不需要其他外在的條件，就能取得當總統的資格。

如此條文預設了如此情況：一個沒有資格在本州取得投票權，沒有資格當選州議員、州長、「參議員」、「眾議員」的人，卻可以當選美國總統。他甚至沒有資格在選票上幫自己任何一點忙，連選「選舉人」的權利都沒有，但他可以依照《憲法》，堂皇地當上美國總統。

《美國憲法》訂定時，在麻薩諸塞州，必須擁有一百鎊以上的財產，才能取得州議員的被選舉權。要選州長，條件更嚴，必須擁有一千鎊以上的財產。在馬里蘭州，要選州長，必須擁有五千鎊以上的財產。條件訂得最高的，是南卡羅萊納州，沒有一萬英鎊的財產，別想選州長。所以，在南卡羅萊納州，州政府的行政權必然長期握在莊園主這個階級的手中，只有他們夠富有到能取得競選州長的資格。

「費城會議」中，南卡羅萊納州的代表查爾斯・平克尼[2]曾提議：既然當南卡州長都必須擁有一萬鎊財產，那麼照比例放大，「聯邦」總統的合理財產限制，就應該是十萬鎊，具備十萬鎊財產，才有資格選「聯邦」總統。當時的十萬鎊，約略等於今天的兩百萬美金，也就是非得要有接近上億台幣身價的人，才能選總統。

設定財產限制，一部分的原因在：當時的人都不認為州長應該、需要領薪水。對他們來說，一個還要靠州的公費來養的人，怎麼可能來管轄這個州？八十歲的開國元勳富蘭克林，在「費城會議」中最在意、最堅持的一件事，就是絕不贊成「聯邦」總統領薪水。他無法想像選出一個需要領薪水的總統。不只如此，連「參議員」、「眾議員」，富蘭克林都認為應該是無給職，純粹是公共服務。

對富蘭克林來說，如果有人為了薪水才來擔任這些職務，這件事本身就證明了他們不是「gentlemen」，也就被取消了基本資格。事實上，華盛頓當選第一任總統後，在就職演說中就明白拒絕了任何薪資酬勞。依照他的資產狀況，他也的確不需要那一點總統薪水。

什麼樣的人會不領薪水來擔任總統？當然是有錢人，有資產的人。的確，過去在北美殖民地參與政治的，包括出席「費城會議」中的這些人，都是有錢人，有資產的人。

但平克尼的主張、富蘭克林的堅持，卻在會議中被否決了。放回當時的歷史環境中，真是難以想像、難以解釋。會中相關的討論，只有：訂定了一個具體的數額，例如「十萬鎊」，那麼在各州的制憲複決中，會不會成為不必要的爭議焦點，增添不必要的變數？最終，一項歷史性的飛躍進步出現了——關於總統候選人的財產限制沒有放進《憲法》裡。

千萬不能小看這項決定的作用。《美國憲法》如此看待總統候選人資格，對各州產生了示範的壓力。「聯邦」正式成立後，各州或主動或被迫，不得不因應新的政治局勢，檢討、修改自身的「州憲」，朝向放寬、乃至解除財產限制。一個有資格擔任「聯邦」總統的人，卻在州內無法取得擔任州議員或州長的資

2 平克尼（Charles Pinckney, 1757-1824）自己就擔任過三屆南卡州長，他的後代子孫中有七位擔任過南卡州長。

格，怎麼看都不太對勁吧？

還有，不規定總統候選人該有多大的資產，也就是不限制總統候選人的出身背景，鼓舞了後輩在政治上奮發前進的野心，很快就刺激產生了「窮人總統」。

林肯就是個「窮人總統」，出身微寒，只受過一年的正式教育，憑藉著努力自學在社會中升起。另外一位「窮人總統」，是格蘭特。因為家裡窮困，所以他選擇了從軍，後來在「南北戰爭」中建立了戰功，進一步在林肯之後擔任總統。[3]

如果依照當時各州的前例，《美國憲法》也制定了總統候選資格上的財產限制，以林肯、格蘭特的出身背景，絕對不可能有機會在十九世紀中葉當選總統。

進一步看，沒有財產限制，卻有明確的年齡限制，兩者是彼此相關的。一定要三十五歲以上才能選總統，和二十五歲以上才能選「眾議員」、三十歲以上才能選「參議員」，考量是一樣的——盡量避免產生單純只靠家世庇蔭的年輕人取得權力位子。

在這裡，考量的不是「嘴上無毛，辦事不牢」，不是擔心年輕人沒有經驗、閱歷不夠，或者容易衝動、思慮不周。而是太年輕就爬上高位的，大部分都是「靠爸」，而不是靠自己，所以要藉由年齡限制來排除這種「靠爸族」。就算你有「富爸爸」、「貴爸爸」，讓你比別人容易起步，至少你得花個幾年累積自己的政治知識與意見，不能年紀輕輕單憑家族庇蔭就越過所有人爬上來。這和擔心「王朝」是同樣的態度，防堵「世襲」，防堵出現新的政治「貴族」。

二十五歲、三十歲、三十五歲的不同年齡限制，也就具體反映了這幾個職位的權力高下。權力較小的，就算有「靠爸族」，傷害不大，可以放寬些鼓勵年輕人出頭。但權力愈大的位子，就必須愈嚴格防止「靠爸族」來沾染、盤據。還有，較高的位子，應該提供較公平的競爭環境。有「富爸爸」、「貴爸爸」的人，起跑比別人早，前頭會領先很多，於是就應該給較多的時間，讓那些沒有機會早早起跑的人，能夠得到時間空間以展現實力。十年、十五年，讓真正有

3 格蘭特（Ulysses S. Grant, 1822-1885）畢業自西點軍校，打過美墨戰爭，在南北戰爭期間出任北軍總指揮官。第十六任總統林肯遇刺後，由副總統安德魯・約翰遜（Andrew Johnson, 1808-1875）繼任，成為第十七任總統。格蘭特則是在一八六八年總統大選中擊敗何瑞修・西摩（Horatio Seymour）當選第十八任美國總統，一八七二年連任成功。

能力的人，可以迎頭趕上，彌補家世背景上的缺憾。

普遍來說，也就是愈高的位子、愈大的權力，愈不該受家世背景影響，應該開放給愈多元的人才。這就成了美國民主制度中一項深厚且寶貴的人才原則。

參選美國總統必須生在美國

好萊塢明星阿諾・史瓦辛格[4]中年轉行從政，順利選上美國最大州加州的州長。阿諾政治聲望如日中天時，美國媒體無可避免就出現了熱門的討論話題：應該讓阿諾有機會選美國總統嗎？

阿諾有資格選加州州長，卻沒有資格選美國總統，卡在他出生在奧地利，不符合《憲法》第二條第一款的規定。

美國是個移民國家，不在美國出生的阿諾歸化為美國公民後，能夠參選並當選加州州長，不是什麼奇怪、意外的事。《美國憲法》沒有關於美國公民身分的任何規範，因為建國之初，連開國元勳、參加「費城會議」的代表，很多人都是新移民，在他自己那一代才從英國移居過來的。也有不少人，是在革命爆發後，才在英國公民與美國公民的身分上，做出選擇的。

那為什麼偏偏多了這麼一條限制總統身分的規定呢？若是在一七八九年《憲法》成立時，已經具備美國公民身分，那不管原本出生在哪裡，都有資格可以選總統。然而一旦《憲法》成立了，所有非在美國出生，當時還不具備美國公民身分的人，就都被《憲法》排除在外，絕對不可能出任美國總統。

《憲法》訂定之時，他們想的，不是要排除將來美國出現一個在墨西哥出生、或在台灣出生的總統。他們要排除的，是從歐洲空降（或海運）過來的總統。「費城會議」的背景，是歐洲各國對美國持續的敵意，為了抵抗歐洲，不能不想辦法強化衰弱的「邦聯」。會議代表明白這項背景。給「聯邦」總統那麼大的權力，也就存在著一項可怕的威脅變數，龐大的歐洲君王體制派來一個貴族成員參選美國總統，以金錢與權勢為武器，影響、收買各州「選舉人」讓

4 史瓦辛格（Arnold Schwarzenegger, 1947-）一九六八年移民美國，一九八三年取得公民權。在展開演藝生涯之前，是舉世聞名的健美先生。二〇〇三至一一年間連選連任加州州長。不同於許多支持民主黨的好萊塢大明星，他一直是個共和黨人；而他太太瑪麗亞・施瑞弗爾不僅是個民主黨人，也是前總統甘迺迪的外甥女。但兩人已經在二〇一一年因史瓦辛格自曝外遇生子而離婚。

他當選，立即使美國的民主制度變質。

英國雖打不下美國，然而只需派遣遠征軍打仗費用的零頭，或許就能夠運作空降一個王室成員當選美國總統，實質收回了北美殖民地。那將是多麼恐怖的事！

那個時代的美國人，面對歐洲，很沒自信。靠著北美隔離的地理位置，成功脫離英國統治，然而在各方面，從經濟到文化，美國都還沒有真正的獨立地位，自覺落後於歐洲。

在他們的想像中，不只英國可能如此陰謀收回北美殖民地，甚至其他歐洲貴族，也可能出於野心或虛榮，動用他們的財富與影響，奪走美國總統職位。

為了不讓歐洲皇室有機可乘，所以訂定了這項限制。你們死了心吧，只要你們在歐洲出生、長大，享受了歐洲貴族的榮華富貴生活，就別想跑到美國來攪局。

兩百多年前的狀況，現在當然改變了。哪裡還有什麼歐洲皇族呢？世界上哪裡還存在什麼外國勢力，可以操控左右美國總統選舉呢？情況改變了，現在這項規定不可能限制什麼王公貴族，只能限制在美國的第一代移民。他們可能很小就到了美國，在美國度過了人生絕大部分時間，相信美國是個可以自由做夢的地方，然而偏偏就有一個夢，將他們和其他美國人區隔開來，不准他們擁有——那就是選總統、當總統。

再加上現在的第一代移民，大多數是西語裔、亞裔，這條限制同時也就帶上了種族歧視的色彩。因為這條規定的存在，使得為數龐大的西語裔、亞裔人口中，遲遲不可能產生總統候選人。

討論該不該修憲，由阿諾引發，但真正的焦點，不在應不應該給阿諾從加州州長更上一層樓的機會，而在脫離了舊日立憲時的情況，這條規定還有道理嗎？還應該繼續有效嗎？

總統不是選上就可以擁有這個身分

《美國憲法》第二條第一款再下來的內容：

如遇總統被免職，或因死亡、辭職或喪失能力而不能執行其權力及職務時，總統職權應由副總統執行之。國會得以法律規定，在總統及副總統均被免職，或死亡、辭職或喪失能力時，由何人代理職務。該人即應遵此視事至總統能力恢復，或新總統被選出時為止。

對照歐洲君主的王位繼承方式，死亡、辭職都是使得王位出缺的正常理由，但歐洲君王一般不受任期限制，也不會被「免職」。除此之外，比較特別的還有這項條件：「……or Inability to discharge the Powers and Duties of the said Office」。《美國憲法》在此多保留了一種讓總統下台的方式。除了任期、死亡、辭職之外，還可以經由國會訂定法律決定在什麼情況下，總統、副總統算是「喪失能力」，必須下台。

總統並不是通過選舉，選上了就擁有這個身分。身分不是固定的資格，而是依隨著能力的，來自於他對「聯邦」、對《憲法》、對人民所提供的服務。這是和君主制截然不同的邏輯。君主即位後，這個身分與他就合而為一，他就是國王。總統即位後，卻必須不斷持續證明，他具備適切執行權力及職務的能力，不然他就會喪失總統身分。

另外，雖然賦予總統龐大的權力，但其權力清清楚楚屬於「執行權」，從人民、國會那裡接受了使命、任務。如果有能有效地執行，就保有總統的職位與權力；相反地，如果執行無能無效，人民與國會可以將他和總統職權分離開來。

在權力交接、繼承上，一項重要的備案設計，是「副總統」這個職位。副總統一般時候是「見習總統」，讓自己嫻熟了解總統職務的行使，遇到總統因任何理由無法視事時，他就一轉變成了「代理總統」。

會有「副總統」的設計，回到歷史情境中，也是從歐洲王室繼承狀況中得到的教訓。看看今天英國王室所遭遇的，我們很容易能理解。伊莉莎白二世在位，繼承權的第一順位是查爾斯王子；第二順位是查爾斯的兒子威廉王子；第三順位是威廉的兒子喬治王子；第四順位是威廉的弟弟哈利王子。女王在位已經超過六十年，等著接位的王儲查爾斯已經垂垂老矣。真正產生王位繼承狀況時，說不定查爾斯已經不在了。就算查爾斯還在，他即位幾年後，還是又得再將王位傳給威廉。還好英國王室只有外表的榮光，並沒有實際的政治權力，不然，英國人想到這樣的繼承狀況，應該都會替自己的國家捏把冷汗吧？

必然發生的是，英國會有很長一段時間，由兩個老人，即伊莉莎白女王和查爾斯主政。如果查爾斯來不及繼位，那權力就會由一位很老的老人身上，傳到很年輕、沒有經驗的隔代王儲身上。任何一種過程，對國家政治的順利運作，都必然產生干擾、騷亂。

還有，喬治王子一出生就被排入繼承順位中，除了知道他是個男生之外，沒有人曉得他長大後會是一個什麼樣的人。他的智力、能力，他看待人的態度，都與他成為繼承者無關，卻都必然影響、決定他如何行使政務。

王位繼承，充滿了不確定因素。連帶著，也就是一個國家的國運前途，充滿了不確定因素。《美國憲法》要盡量控制、降低隨著權力繼承而來的不確定性。「副總統」職務的設計，就在確保：不管總統在任何情況下交出權力，接掌他權力的，一定是個和他具備同等能力、資格的人。總統任期屆滿，權力會交給經由人民選出的下一任總統。總統任期未屆滿而離職，他的權力就交給也經過特定程序考驗、認證過的副總統。

如果總統無法視事，誰來繼位？

《美國憲法》最早的規定，是參選總統的候選人中，得票最高的當選總統，得票次高的就當選副總統。如此確保副總統和總統有很接近的資格，副總統是經過選舉認定，除了總統當選人以外，最適合擔任總統的人。

但這項規定有個嚴重的缺點。總統最強勁的選舉對手，來當他的「見習總統」，等到總統出了問題——死亡、免職、辭職或無能視事——這位「見習總統」就更上一層樓來當總統。總統身上發生什麼不幸、糟糕的事，最大的受益者，將是他的競爭對手，這叫總統、副總統這兩人要如何相處，更遑論合作了！[5]

因而早在一八〇四年的第十二條修正案，就將總統選舉和副總統選舉分別開來，不再是第一名當總統，第二名當副總統。改成總統歸總統，副總統歸副總統，有不同的候選人，也有不同的選票。等到後來政黨政治成熟後，又改成總統和副總統搭檔競選，一組一組出現在選票上。

總統和副總統搭檔競選，在現實政治上產生的效應，就是選票分配上的考

5 總統選制的缺點在一七九六年總統大選時暴露無遺。當時聯邦黨的亞當斯得到第一張票的過半多數而當選總統，但支持聯邦黨的選舉人在投第二張票時卻分散了票源，導致民主共和黨的傑佛遜得到第二高票而當上副總統。亞當斯與傑佛遜兩人在聯邦權限與對外政策方面勢如水火，等到亞當斯一任當完後，到了一八〇〇年兩人又再次對決，這次是同黨的傑佛遜與紐約州參議員艾隆·伯爾同票，最後由眾議院投票決定傑佛遜當選總統，伯爾出任副總統。亞當斯敗選。

慮。總統候選人會傾向於選擇一個能替他爭取到不同選民支持的人，來當副總統候選人。出身北方名校的甘迺迪，就選了南方土味十足的詹森作為副總統搭檔。詹森和甘迺迪的個性、形象、政治風格，真的是「南轅北轍」，[6]藉由兩人聯合競選，得以包納不同的選票，擊敗了共和黨提名的尼克森。[7]然而後遺症是：這兩個人私底下互相看不順眼，一九六三年十一月甘迺迪遭到暗殺，很自然就傳出陰謀論說法，主張整件事的幕後黑手就是詹森。

少數不從平衡選票作用來考量副總統人選的，是柯林頓。一九九二年競選時，他拒絕了民主黨內許多大老、策士們理所當然的建議，找了高爾搭檔競選。柯林頓和高爾，年紀相當，都來自南方，[8]立場和形象也很接近，換句話說，會投票給高爾的，本來就傾向於支持柯林頓，高爾不會有替柯林頓拓展票源的作用。當被問到為何如此不按牌理出牌，柯林頓的經典回答是：「因為我可能會死掉啊！」(I could die!)

從《憲法》角度看，柯林頓的選擇，非但不奇怪，反而才是最合理的。副總統最大的作用，就是在總統出缺時繼位，柯林頓在意的是，如果當選了總統，卻又因為死亡或其他因素提早退位，他希望繼任的副總統有和他一樣的想法、主張，繼續執行他的政治目標。

柯林頓在美國歷史上有特殊的地位。兩百多年來，一共只有三位總統來自「小州」——人口排名在後面一半的州。來自阿肯色州的柯林頓是其中一位。[9]他能夠從「小州」崛起，在所有人都不看好的情況下，不只取得民主黨提名，還擊敗了競選連任的老布希，其中一項理由就在於他的頭腦清楚，有許多不迎合流俗卻又自有說服力的看法與舉措。

總統出缺，副總統接掌。那如果總統、副總統同時在任期間出缺，怎麼辦？兩百多年的歷史中，現實上從來沒有出現這種狀況。但美國人為了這樣一種極其稀有的變化，進行了許多討論與規劃。由此看出他們對於權力如何合法且順

6 甘迺迪出身麻州，長春藤私校哈佛畢業，競選總統時任麻州參議員；詹森出身德州，德州州立大學畢業，時任德州參議員，也是參院多數黨領袖。

7 尼克森出身加州，加州私立惠蒂爾學院畢業，時任副總統；他的搭檔小亨利・洛吉（Henry Cabot Lodge, Jr. 1902-1985）出身麻州，哈佛畢業，時任麻州參議員。

8 柯林頓來自阿肯色州，時任州長；高爾來自田納西，時任參議員。

9 另外兩位是來自路易斯安那的第十二任總統扎克里・泰勒（Zachary Taylor, 1784-1850），以及來自新罕普夏的第十四任總統富蘭克林・皮爾斯（Franklin Pierce, 1804-1869）。

利地轉交，有著非比尋常的關注。

一九八一年，當時的美國總統雷根在華盛頓街上遇刺，[10]留下了兩個有名的故事。一個故事是雷根中彈後被送到醫院，在手術房裡，他還意識清醒地對在場醫護人員開玩笑：「我希望至少今天，你們都是共和黨的支持者！」另外一個故事是，雷根遇刺時，副總統布希人在德州，隨後白宮召開的記者會上，當時的國務卿海格[11]大剌剌地說：「現在，這裡我當家！」

當然輪不到他當家。海格此語一出，基本上就斷送了自己未來的政治前途。對於《憲法》如此無知，在緊急關頭跳過副總統、眾議院議長、參議院臨時議長[12]，把大權放在自己身上，在美國，這是不可原諒的錯誤。不過，海格此語倒是提醒了美國媒體和美國大眾，又認真地將《憲法》上規定的權力交付順位複習了一次，安心確定：《憲法》上的多層規範，保障了在任何情況下，行政大權都不可能沒有人擔當。

在什麼狀況下，會輪到國務卿「當家」呢？依照原始的《憲法》規定：在總統、副總統都出缺的情況下，為了安排新的選舉時，國會議長有權指定一位內閣閣員來暫時代理行政權。國務卿是內閣中排名最高、地位最重要的一位，當然很有可能被指定。

這項規定，來自麥迪遜的主張。麥迪遜堅決反對將國會議長，不管是「參議院議長」或「眾議院議長」，列入行政權繼位順位中。理由很簡單：國會代表立法權，立法權不該介入、侵犯行政權。行政首長出缺時，只能由行政權的內部人員來代理，與立法人員無涉。如此才能忠於三權分立的基本原則。

《憲法》第一條第六款明文禁止「參議員」和「眾議員」兼任行政職。若要接受行政職，就必須先辭去國會議員職位。依此規定，國會議長必須先辭職，

10 雷根在一九八一年三月三十日的槍擊案中，遭到小約翰·辛克利（John Hinckley, Jr.）開槍射中胸部與右臂。那是他當上總統的第六十九天。辛克利的行兇動機，據稱是要讓《計程車司機》（*Taxi Driver*）一片中飾演雛妓的茱蒂·佛斯特注意到他。

11 海格（Alexander Meigs Haig, Jr., 1924-2010）是西點軍校畢業生，打過韓戰、越戰，擔任過陸軍副參謀總長（四星上將）、北約組織歐洲盟軍司令部總指揮官。在尼克森擔任總統期間由助理國家安全顧問轉任白宮幕僚長，據說水門案發生後，海格在讓尼克森辭職、讓福特特赦尼克森這件事情上扮演了關鍵角色。

12 根據美國憲法，參議院議長由副總統擔任，在副總統缺席議會的情況下，參院必須選出臨時議長（President pro tempore of the United States Senate）代理主持會議。這個位子一般由參議院多數黨的最資深議員出任，是美國總統繼位順序的第三位。

才能代理總統職務。所以麥迪遜主張，國會議長只能擁有指定行政權代理人的權力，不能自己去接掌行政權。

雖然在現實上，從來沒有過總統、副總統同時出缺，但因為此事會牽動行政、立法兩權互動，就在美國歷史上，成為那麼重要的《憲法》討論議案。

總統要捍衛的不是抽象的國家，是神聖的憲法

《美國憲法》第二條第一款關於薪資的規定：

總統因其服務而在規定時間內接受俸給，在其任期內俸金數額不得增加或減低，他亦不得在此任期內自合眾國政府及其他州政府接受其他報酬。

這就是富蘭克林最反對的一部分內容。這項規定背後的精神是：「聯邦」的所有立法、行政、司法人員，應由「聯邦」來給養，擺脫在物質生活上對於各州的依賴。包括總統在內，明文規定不得接受其他各州政府的任何報酬。州政府不能賄賂總統，讓總統在行政上有所偏私。

總統的薪俸數額由立法權決定，不過有項強烈的但書，在總統任期內，國會不能增減他的薪資。他就任時薪資是多少，該數額就會維持到他卸任。這條但書的用意在不讓國會以總統薪資作為利誘或威脅：總統和國會議員相處融洽，無助於提高薪資；總統和國會水火不容，國會也不能以減薪來作為報復，或逼迫總統就範。

第二條第一款最後一段：

Before he enter on the Execution of his Office, he shall take the following Oath or Affirmation:—"I do solemnly swear (or affirm) that I will faithfully execute the Office of President of the United States, and will to the best of my Ability, preserve, protect and defend the Constitution of the United States."

為什麼說「Oath or Affirmation」？中文譯作「宣誓或誓願」？牽涉到宗教上的不同見解與態度。有些教派反對「宣誓」，認為在上帝之前，人沒有資格可以「宣誓」。也有教派主張人只能就與上帝有關的神聖事物「宣誓」，在世俗事務上「宣誓」，是瀆神的。所以能「宣誓」的人「宣誓」，不能「宣誓」的人，就「誓願」。但重點不變——這樣的誓詞是帶有莊重、神聖意義的。誓詞是：

我鄭重宣誓（或誓願），我一定忠實執行合眾國總統職務，竭盡全力維持、保護和捍衛合眾國憲法。

整部《美國憲法》中，只有在這裡出現「I」，我。可見對於掌管行政權的總統之高度重視。誓詞中，總統誓言要「維持、保護及捍衛」的，不是這個國家，而是這部《憲法》。國家是抽象的，有太多種不同方式來定義如何愛國，如何效忠國家、捍衛國家，相對地，《憲法》是明確的，維持、保護、捍衛《憲法》的作為，沒有那麼大的多元解釋空間。

維持《憲法》，就是依照《憲法》規定行事。保護《憲法》，就是行使「合憲檢驗」權力，不接受任何不合《憲法》條文與精神的法律及其相關判決。捍衛《憲法》就是挺身對抗國內或國外任何要摧毀《憲法》與憲政體制的力量。

理論上，總統執行國會訂定的法律，然而若是國會所訂定之法律，不符合《憲法》，總統就應該依照此誓詞給予他的權力與責任，拒絕副署。他不是無條件遵從法律。條件就在：法律必須受到更高層次的《憲法》管轄，只有合於《憲法》的法律，才對總統有拘束力。

美國國會曾經通過「煽動法案」[13]，列出種種不被允許的「煽動」做法，其中包括「公開批評國會議員」、「公開批評總統」。這是一項正式通過、生效的法律，然而傑佛遜擔任總統時，卻明白拒絕執行這項法律，因為他認定這項法律是違憲的。

《美國憲法》第一條修正案明白規定，國會不得立法限制言論自由，「煽動法案」限制了人民表達對總統、對國會議員不滿的自由，因而當然是違憲的。站在衛護憲法的立場，傑佛遜公開表示，對於所有因「煽動法案」被入罪的人，他都會動用總統的行政特權，給予全面特赦。如此一來，人民就不必擔心觸犯「煽動法案」而受罰了。

傑佛遜任內發生的另一件事，是美國用極為低廉的價錢，從拿破崙手上買

13「煽動法案」(Sedition Act)在一七九八年由第五屆國會通過，主導提案的聯邦黨人意在強化國家安全，但與聯邦黨勢如水火的民主共和黨人卻認為法案是衝著他們來的。這項法案在傑佛遜於一八〇〇年大選獲勝後即失效。

下了原本屬於法國的「路易斯安那」。[14]法國控有的「路易斯安那」不是今天美國的路易斯安那州，而是北至今天加拿大五大湖區，一路涵蓋密西西比河兩岸土地，一直到南方出海口紐奧良一帶。這塊土地不只面積廣大，而且形成對美國向西發展的阻礙，從美國國家利益的角度看，沒有任何理由不把握難得的機會把它買下來。

然而，光是一個理由，就足以讓美國陷入猶豫與爭執。那就是《憲法》。《憲法》沒有給予任何人任何權力去新創一個州。《憲法》管轄的是各州聯合組成的「聯邦」，如果「聯邦」可以採取主動創造新州，那不只侵犯了原有各州的利益，而且侵犯了州權。

然而這麼大一塊土地，除了賣給「聯邦」，還能賣給誰？要開放賣給各州，一定擺不平，一定成不了事。在這樣的爭議中，傑佛遜一面承認此舉不合憲，另一面卻毅然動用總統權力迅速完成了和法國的交易。從此，傑佛遜一輩子被反覆攻擊為說一套做一套的「偽君子」，而且傑佛遜也視此事為自己政治生涯的一大污點。

換在任何其他國家，一個總統不費一兵一卒，用平均每英畝四分錢的低價，[15]一口氣幫國家取得了將近倍增的國土，那是多大的功勞！但在美國，只有在美國，這麼一件事給傑佛遜帶來的不是榮耀，而是紛爭與指責。就算那麼大的土地，都沒有《憲法》重要；就算面對那麼明顯的利益，美國總統都必須遵守「維持、保護、捍衛美國憲法」的誓言。

這些美國總統，很清楚《憲法》說了些什麼，更清楚自己身上究竟有什麼樣的權力，這些權力又是怎麼來的。他們從來沒有將就職誓詞看成單純的儀式，而是認真思考如何「維持、保護、捍衛美國憲法」，這是使得美國在兩百

14 路易斯安那原意「法王路易的領土」，但在法國打輸七年戰爭之後，這片土地遭到西班牙佔領。到了一八〇〇年，法西兩國簽訂密約，路易斯安那將歸還給法國。一八〇二年，拿破崙派出遠征軍試圖鎮壓法屬海地的奴隸叛變未果，法國從此失去輸出加勒比海蔗糖的歲收。一方面是英法戰爭一觸即發，另一方面是路易斯安那的移轉手續尚未完成，導致拿破崙決定把「法王路易的領土」賣給美國。

15 美國以一千一百二十五萬美元的金額，再加上免除三百七十五萬美元的債務，總計一千五百萬美元的代價，購得佔地八十二萬八千平方英里，約五億二千九百九十二萬英畝的路易斯安那，平均每英畝的代價不到三美分。但美國其實無法馬上支付這筆鉅款，只好向兩個歐洲銀行以百分之六的年息借款，直到一八二三年才還清貸款，以致總價超過二千三百萬美元，最後是平均每英畝花了四美分。

多年間興起、強盛的一項關鍵力量。

總統以個人身分接受行政權並承擔全部責任

《美國憲法》第二條第二款：

總統是合眾國陸海軍總司令，以及各州民兵奉召為合眾國執行任務時擔任統帥。

合眾國有陸軍和海軍，由總統統率。但「聯邦」無權壟斷武力，各州仍然保留了各自的民兵，對於這些民兵，「聯邦」只有在危急必須之時予以召集統合行動的權力。一般時候，這些民兵屬州權控制與領導範圍，只有在奉召執行「聯邦」任務時，才歸由總統指揮。

接下來：

總統可以要求每個行政部門的主管官員提出有關他們職務的有關書面意見。除了彈劾案外，他有權對於違犯合眾國法律者頒發緩刑和特赦。

美國總統的權力，是參考歐洲君王、尤其是英國國君的情況來考量的。這部分內容必須放在英國國君的行政模式脈絡下，才有辦法了解。英國國君主要是透過「樞密院」，「Privy Council」，來行使行政權，他可以要求「樞密院」做任何事、就任何議題提出看法。這些要求不需有書面文件，基本上也沒有什麼限制。

「樞密院」就成了國君的責任避風港。遇到出問題、有錯時，國君很容易可以將責任推給「樞密院」，反正表面上看，事情是「樞密院」做的，也沒有任何資料可以回頭覆案究竟國君做了什麼決定，下了什麼命令。

《美國憲法》不給美國總統這種含混卸責的空間。《憲法》中將立法權交付給一個叫「國會」的機關，然而相對地將行政權交給一個個人，而不是一個機關。英國首相，是內閣機關中排名最前的人，行政權是由這整個內閣機關來承擔；美國總統卻不是以機關領導，而是以個人身分，接受行政權，同時也承擔其責任。

這就是為什麼整部《憲法》中，只有在明列總統誓詞時出現了「我」。他要以個人身分擔起責任。總統不能要求行政部門主管發表與職務無關的意見，因為在行政權上，總統和他的行政部門主管有性質全然不同的責任。行政部門主管只有有限責任，也就是只關係到其職務的責任，總統卻必須承擔近乎無限的全責。

總統不得將無限全責往下推卸給行政部門主管。這些人，在職務名稱上是「Secretary」，是總統的秘書。而且其中沒有全能秘書，每個秘書都有特定的專門領域。他們只在這特定領域中提供意見供總統參考。

關於「特赦權」，總統只能對於觸犯「聯邦」法律者，給予緩刑或赦免。如果犯人觸犯的是州法，那麼「特赦權」就屬於州長，總統並沒有高位權力凌駕州法。美國總統的特赦權，其實適用範圍很窄。絕大部分殺人放火的行為，只要不涉及跨州法律差異的話，都與「聯邦」無關，也就都不在總統「特赦權」可及範圍內。

總統的「特赦權」有一項重要例外：不得運用在「彈劾案」上。因為「彈劾案」針對的是總統及其領導的行政官員的疏失。總統負擔行政權的完全責任，他當然無權決定原諒自己。如果他可以特赦自己，那麼「彈劾」這個監督制衡的手段，就徹底失去意義了。

關於總統的「特赦權」，漢彌爾頓在《聯邦論》第七十七篇有專文討論，表示要給總統超越司法的特赦權，其中一個理由就在於保留總統對於違憲立法的對抗與修正。儘管在政治立場及憲法主張上，傑佛遜和漢彌爾頓是死對頭，然而傑佛遜在任內面對他無法同意的「煽動法案」，毫不遲疑地接受漢彌爾頓在《聯邦論》中的說法，以「特赦權」來杯葛「煽動法案」，信守「維持、保護、捍衛美國憲法」的誓言。

總統一旦動用「特赦權」，實質上暫時取消了國會訂定法律的效力，逼迫國會重新討論、重新思考。如果雙方能在法案的合憲問題上得到新的共識，當然最好。不行的話，那再將整件事移交給大法官會議，由最高司法機關來進行新一輪的《憲法》討論與思考。

若是將《美國憲法》對於「特赦權」的規範，拿來和一七八七年時其他各州「州憲」的內容加以比對，我們會發現《憲法》沒有限制總統一定得要在司法程序完結、訴訟定讞後才能動用「特赦權」。然而當時幾乎所有的「州憲」都有這條限制，這使得《美國憲法》的沉默，格外引人注意。

為什麼《美國憲法》和各州憲不同，沒有要求必須走完司法流程，總統才能頒布緩刑或赦免？這件事在「費城會議」中曾經反覆討論過。選擇不依循其他「州憲」前例的理由，可以用後來一七九四年發生的事，予以解釋與證明。

一七九一至九四年間發生了一場反「聯邦」的內亂，史稱「Whiskey Rebellion」或「Whiskey Insurrection」，威士忌之亂。起因是「聯邦」為了籌錢償還革命時期欠下的債務（從「邦聯」接收來的債務，到這個時候都還沒辦法還完！），針對農民利用剩餘穀物釀造的烈酒，予以加徵稅金。此舉引發了賓夕法尼亞州部分農民的不滿，他們阻擾、攻擊「聯邦」稅務人員，明白抗稅。

華盛頓總統當機立斷，做了兩項決定。第一是動用「聯邦」及鄰州的武力，表示強悍不讓步的立場；第二是動用《憲法》賦予總統的權力，宣布對於參與武裝反抗卻願意和平放下武器的人，給予赦免，不受內亂法律懲罰。軟硬兼施，很快就產生效果，不只平息了騷動，而且確立了「聯邦」的權威。

「費城會議」時，代表們預見了新的「聯邦」會遇到許多內憂外患的考驗。在這過程中，總統需要足夠的權力工具，必要時爭取民心，把遊移於不同效忠對象的國民拉過來。

第七章

立法行政兩權的緊張關係

行政權和立法權的關係是：立法權規範遊戲規則，
行政權不能外於這套遊戲規則要什麼把戲；
然而，只要在遊戲規則以內，行政權就有其裁量與執行自由，
立法權不得干預。不喜歡、不同意行政做法時，
立法權只能回頭從遊戲規則上進行檢討、修改。

外交事務是行政權與立法權的分權合作

《美國憲法》第二條第二款：

美國總統有權締訂條約，但須獲得參議員的意見與同意，需經出席參議員中三分之二以上同意。

處理對外事務時，美國總統主要向參議院，也就是向各州代表報告。要和外國締結條約，總統首先應諮詢參議院意見，整合意見締訂條約之後，再將條約內容送交參議院同意。

這項內容，是從《邦聯條例》繼承而來的。「邦聯」成立之前，甚至到「邦聯」成立之後，基於獨立、自主的原則，各州可以各自和其他國家締約。《邦聯條例》試圖整合各州的外交行動，但又得尊重各州的獨立與自主，於是就規定，要簽訂「邦聯」的對外條約時，十三州中必須有九州表示贊成。也就是說只需五州不同意，條約就無法成立，等於給了每一州很大的否決權力。用這種方式試圖換取各州願意放棄個別的外交締約權，交由「邦聯」整體對外。

十三州中有九州贊成，就是「參議員中三分之二以上同意」的比例根據。因而，外交締約權雖然寫在《憲法》第二條，但實質上並不單純屬於「聯邦」行政權。表面上看，締約是總統和國會——行政權與立法權——的分權合作。與總統分權的是參議院，再加上《邦聯條例》的淵源，我們知道了，骨子裡還有「聯邦」與各州之間的分權合作關係。

美國總統可以代表美國和其他國家簽訂條約，但並不是美國總統簽了條約就生效。歷史上，有不少美國總統簽了的條約後來沒有在參議院通過，不得不懸置或作廢的例子。第一次世界大戰結束後，在美國總統威爾遜主導下，成立了新的國際組織「國際聯盟」，然而美國加入「國聯」的條約，卻沒有能獲得「參議院」通過。於是出現了奇怪的現象，倡議組織「國聯」最力的國家，最終卻在「國聯」缺席，很多史家視此為「國聯」失敗、無法發揮維護國際秩序的關鍵因素。[1]

從美國內部的角度看，我們看到的是「聯邦」和各州間嚴重的觀念分歧。

1 國際聯盟（League of Nations）成立於一九二〇年一月，會員國最多達到五十八個，然而進入一九三〇年代後卻無法阻擋軸心國的侵略行動，二戰結束後由一九四六年成立的聯合國取代。

威爾遜領導的「聯邦」政府，傾向於在戰後更積極地參與國際政治；但由參議院所代表的各州，基本上仍然相信十九世紀的「門羅主義」[2]，認為「美洲是美洲，歐洲是歐洲」，美國應該只管美洲事務，和歐洲保持距離，避免受到歐洲複雜的外交與武力衝突連累。「聯邦」政府視一九一七年參戰為美國介入、改變世界局勢的開端；各州則認為一九一七年參戰正就是美國倒楣、被歐洲牽連的例證。

更近一點的例子，是一九九八年的《京都議定書》。當時由柯林頓總統領導的「聯邦」政府，抱持支持、參與的立場，但參議院已於前一年在美國石油及發電工業的強力遊說下決議反對《議定書》，形成了另外一件歷史上的尷尬怪事——用意在控制全球溫室氣體排放的這份《議定書》，卻約束不到全世界使用石化能源最兇、排放溫室氣體最多的美國。

《美國憲法》第二條第二款接下來說：

> 美國總統有權提名並於取得參議院的意見和同意之後，任命大使、公使、領事。

貫徹外交上的分權觀念，在人事上，美國總統也不能獨斷獨行。一直到「領事」層級的外交人員，都必須徵求參議院意見，並獲得參議院明確的同意。也就是說，對於外交人事，參議院及其所代表的各州，擁有實質的否決權。

建立恆常的政府，才能解決各州聯合事務

《美國憲法》成立了之後，才能召開國會，才能由國會立法確定「聯邦」政府組織。所以在第二條第二款中，總體地規範國會可以制定法律，酌情將較低階官員的任命權，授予總統本人、授予法院或授予各行政部門的首長。

《憲法》給予立法權對於行政權極大的管轄空間。因為立法權是人民主權所在，立法權不能越俎代庖來執行，但立法權可以在任何時候、任何面向上對

2 一八一七年上任的美國第五任總統門羅，在一八二三年發表了後人稱為「門羅主義」(Monroe Doctrine)的國情咨文：歐洲列強不應再殖民美洲，或干涉美洲國家的主權相關事務。對於歐洲列強之間的爭端，或它們與其美洲殖民地之間的戰事，美國保持中立。相關戰事若發生於美洲，美國將視為具有敵意的行為。

行政權進行監督、考察。理論上，立法權可以要求審查所有行政任命。不過，審查所有行政任命，在現實上是行不通的。所以《憲法》規定，有一部分較低階的任命，可以交由較高階的官員來實行。另外有一部分重要些的，由國會授權給總統來任命。在這之上，還有更重要、最重要的幾個職務，尤其是牽涉到各州權利的，《憲法》則明文規範總統只有提名權，也就意謂著必定要經由國會同意才能任命。

國會不是隨時都在會期中，相對的，「聯邦」政府必須全年無休運作。因而《美國憲法》中另外指示：若遇國會休會時，總統有不經國會同意的臨時任命權，但這樣的任命效期，只到下一次國會開議為止。也就是說，行政權運作需要時，總統可以便宜行事，先任命重要官員，避免職位懸虛，但總統千萬別想以這種臨時任命當作不讓國會干預人事權的偷吃步，只要國會一開議，臨時任命就自動失效，如果這個人還要留任，同樣必須將其任命案送交國會同意。

這一部分內容，另外清楚標示了「聯邦」和舊「邦聯」之間的差異。「邦聯」的主體是「各州代表會議」，「邦聯」的領袖是這個會議的主席，所有的事務都在會議中處理、解決。實質上，「各州代表會議」開會，「邦聯」才存在。

「各州代表會議」閉會期間，沒有人找得到「邦聯」在哪裡，「邦聯」也發揮不了任何作用。不開會時，「邦聯主席」沒有任何權力，做不了任何事。

從「邦聯」到「聯邦」，關鍵就在成立了一個全年無休、隨時都在的政府。國會可以有時開會、有時不開，但政府一直在那裡。人民主權和立法權的行使是定期性的，在特定時間、特定場合中進行。但行政權卻是長期性的，沒有間歇變化，沒有時間表。

唯有建立一個恆常的政府，才有辦法解決日益複雜的各州聯合事務。這又是「費城會議」的一項重要根本原則決議，影響深遠。

對於行政官員的任命同意權，後來在美國憲政上有些重要的發展。依照不同的任命強度，「聯邦」官員分成兩組。一組是有任期的，一組是沒有任期的。

有任期的職位，一旦獲得國會同意通過，這位官員就獲有任期保障。意思是雖然這個人選由總統提名，只要國會同意了，在規定的任期內，總統不能將他免職、換提其他人選。

這樣有任期制的機關，叫做「獨立機關」，獨立於總統行政權的主觀意志之外。「獨立機關」是個制度上有明確定義的專有名詞，不能、不該望文生義隨便解釋。「聯準會」（FED）是個「獨立機關」，「聯邦傳播通訊委員會」（FCC）是個「獨立機關」。[3]他們「獨立」於總統行政權對人事的直接干預，也就相對「獨立」於總統的政治考量之外，可以依照自己的專業來行使職權，不需也不該配合總統的其他政策。

國會可以否決總統的提名人選，也可以藉由立法規範「獨立機關」，用這種方式來節制行政權。但國會不能自己提名，把人選塞給總統，要總統接受。如果那樣，就明確構成立法權對行政權的侵犯，總統當然不需遵從。

除了少數「獨立機關」的首長外，其他行政部門首長，沒有任期。對於沒有任期的首長，國會的同意權更加有限。國會進行的只能是低標審查，確認這個人有基本資格來擔當總統的助手。即使經過國會同意任命了，總統還是隨時可以視其需要，將這個人替換掉。實際的任用權保留在總統手上，國會給予他的牽制，不過只是：你不能任意徇私，找來不夠格的人擔任行政部門首長。

歷史上出現過，總統將人選送交國會諮詢，國會同意了，總統卻反悔了，沒有讓這個人上任。歷史上也出現過，總統將人選送交國會諮詢，國會同意了，人選本身反悔了，拒絕上任。沒有任期的官員，他們從屬於總統，主要依照他們和總統的關係，決定職務上的異動。他們就算經過國會聽證同意，仍然不是直接對國會負責，行政權唯一的責任者，是總統。

相對地，總統對於「獨立機關」首長，沒有這種充分的人事任免權，所以對「聯準會」、「聯邦傳播通訊委員會」這樣的機構行事，國會有連帶部分責任。到現在，有不少美國憲法學家質疑「獨立機關」的合憲性，主張「獨立機關」的設立，開放了立法權侵犯行政權的管道，違背了《憲法》中由總統負擔行政全責的基本精神。

美國式的總統制，加諸在總統職位上很重的責任，因而也就必須給他很大的權力空間。這樣的制度，有其明確的權力邏輯，所以能在兩百多年間順利運作。

3「獨立機關」(Independent agencies of the United States government) 的例子還包括：中央情報局、航太總署、國家科學委員會、國家環境保護局、國家勞工關係委員會、國家運輸安全委員會、聯邦選舉委員會、聯邦貿易委員會、商品期貨交易委員會、證券交易委員會、國家檔案局等。

立法權規範遊戲規則，行政權有其裁量自由

同樣都是規定權力範圍，《美國憲法》第一條第八款，和第二條第二款，寫法很不一樣。談立法權範圍，是用列舉式的，所以有了《憲法》全文中最長的一款。談行政權範圍，卻只提其中最重要的部分，沒有詳細列舉。

造成差異的根本原因就在：行政權幾乎沒有責任範圍。行政權全年無休，隨時運作；立法權相對是有限權力，只在特定時間、特定範圍內有效。《憲法》上沒有明確列舉由國會來行使的權力，很自然地就歸於人民所擁有，是主權的一部分，但沒有、或不會授予國會來代表，而是保留由人民自己來行使。

行政權不是這樣。行政權本質上已經受限於立法權，重點在執行人民主權透過立法權給予它的任務，那麼在執行、完成指示任務的過程中，行政權應有足夠的空間來尋找、創造執行的最佳手段，因而《憲法》上沒有必要、也沒有道理用列舉形式來限制行政權所需的空間。

《美國憲法》第二條第三款：

總統應經常向國會報告聯邦的情況，並向國會提出他認為必要和適當的措

施，供其考慮。在特殊情形下，他得召集兩院或其中一院開會，並得於兩院對於休會時間意見不一致時，命令兩院休會到他認為適當的時期為止。他應接見大使和公使，他應注意使法律切實執行並任命所有合眾國的軍官。

美國總統有定期到國會報告的責任。他的報告，叫做「State of Union」，中文譯為「國情咨文」，而英文的本意，就是呼應《憲法》中規定的——「聯邦情況」或「聯邦現況」。

另外行政權對於立法權重要的監督，落實在總統握有召集國會開會的權力。遇到國會怠惰沒有好好執行職務，以至於影響到行政執行時，總統得以要求一院或兩院開會。或是說遇有重要法案，關係到行政執行成效時，國會不能用不開會的方式予以拖延或杯葛，總統可以直接召集國會來處理法案。

總統還擁有國會兩院之間的協調權力。當兩院無法就休會時間達成協議時，決定權就在總統身上，等於是兩院放棄了立法權本位，讓總統來決定、命令他們何時休會、何時復會。

《美國憲法》比許多參考、套用，並自以為是做些修改的其他國家憲法，都要來得完整且精彩。在架構上，《美國憲法》表明：三權是有先後順序的。立法權排在最前面，是第一權。行政權排在立法權後面，因為如何行政，如何組織行政機構，都必須由立法權來決定。有立法權，訂好了法律，才有可以執行落實的行政權。

立法權先於、高於行政權，並非表示立法權可以檢查、質疑、干預行政上的所有措施、決策。美國國會不能也不會將行政官員叫來訓斥一番、羞辱一番。美國國會更沒有管道可以直接影響行政決策。國會擁有的，不是這樣來介入、干預行政的權力。國會擁有的，是立法權。要影響、改變政府，國會不能越過總統來管轄部會官員，也不能指使總統，要總統聽命，國會能做的，是訂定或修改法律。

立法權比干預政策或將官員叫來辱罵一頓，要強大有效得多了。畢竟行政權的行使，必須要有法源依據，法源改變了，行政權的執行範圍與方法，也就相對改變了。行政權和立法權的關係，在《美國憲法》架構下再清楚不過，立法權規範遊戲規則，行政權不能外於這套遊戲規則要什麼把戲；然而，只要在遊戲規則以內，行政權就有其裁量與執行自由，立法權不得干預。不喜歡、不同意行政做法時，立法權只能回頭從遊戲規則上進行檢討、修改。

關係清楚，所以儘管兩權處於互相牽制角力的位子，形式上很緊張，實質關係卻相對平和，不必也不會惡言相向。

一九七九年，美國國會對於當時的卡特總統決定和中國建交，[4]有很強烈的意見。尤其是對於就此放棄長期盟友中華民國，有強烈的愧疚感。參眾兩院都不能把總統或國務卿叫來，命令他們承諾保護台灣，參眾兩院也沒有資格宣告願意繼續保護台灣。但他們有一項不折不扣的明確權力——他們可以針對台灣安全問題訂定法律。

這就是《台灣關係法》的來源。[5]「參議院」批准了對美國與中華人民共和國建交的條約，但幾乎同時，「眾議院」提出了《台灣關係法》，規定美國政

4 一九七八年十二月十五日，美國與中華人民共和國政府宣布，兩國將於一九七九年一月一日起建立正式外交關係，美國並同時與中華民國斷絕外交關係。

5《台灣關係法》（Taiwan Relation Act）於一九七九年二月二十八日在眾院提出，三月十三日眾院以三百四十五票對五十五票通過。三月十四日參院以九十票對六票通過修正案。三月二十四日在兩院聯席會議提出報告，三月二十八日眾院以三百三十九票對五十票同意參議院修正案並另行修正，三月二十九日參院以八十五票對四票同意眾院修正案。四月十日由卡特總統簽署生效。

府必須和台灣維持一種特殊的非邦交關係。《台灣關係法》是美國國內法，不是條約，所以不需與台灣協商，不需經由台灣簽署。《台灣關係法》並未規範台灣政府有任何義務，純粹是給美國政府在處理台灣事務上的一套規範，美國政府無權進行違背這套規範的對台外交行為。

從此之後，不管哪個總統在位，不管中國如何反對、抗議，在對台關係上，美國政府就只能依照《台灣關係法》的規定，賣武器給台灣，提供台灣足夠的安全保障，這項「國內法」對美國行政權的約束，先於、也大過來自外交上的任何壓力、考量。

《美國憲法》上並沒有明白的字句說「總統行政應對國會負責」，要求總統的，不過就是「應經常向國會報告聯邦的情況」，照現在的情況，這「經常」的頻率，是一年一次，而且真的就只是「報告」，並不附隨「質詢」。看起來國會對總統行政的監督很鬆散？在《憲法》邏輯中的道理是：國會握有一切行政法源的決定權，可以藉由立法從源頭改變執行的範圍與程序，等於唐三藏得了觀音菩薩所給的「緊箍咒」，他哪裡還有需要隨時跟著孫悟空，在旁邊唸他這樣做不行、那樣做不對呢？要是唐三藏每件事都要對孫悟空下指導棋，孫悟空又怎麼能發揮其本事呢？

當有《台灣關係法》決定了美國政府對台事務的基本原則時，美國國會哪需要總統或國務卿不時來報告「美台關係」情況？美國國會哪需要把國務卿叫來質疑、指責、乃至羞辱，逼他就範？

彈劾官員屬於國會的權力

《美國憲法》第二條第四款：

The President, Vice President and all civil Officers of the United States, shall be removed from Office on Impeachment for, and conviction of, Treason, Bribery, or Other high Crimes and Misdemeanors.

合眾國總統、副總統及其他所有文官因叛國、賄賂或其他重罪和輕罪被彈劾而判定有罪者，均應免職。

曾經觀察、關心過一九九八年美國政治風暴的人，幾乎都會背這款條文。

那年發生什麼事?那年美國總統柯林頓差點遭到彈劾,[6]特別檢察官提出了一份詳盡報告,指控柯林頓在白宮與實習生蒙妮卡・陸溫斯基有染,[7]並且事後以包括公開說謊的種種行為,試圖消滅、掩飾事實。

國會有權對總統以降的所有文官發動彈劾,若是彈劾案通過,那就沒有任何商量餘地,這個人必須立即從職務上離開。但彈劾的條件是什麼?《憲法》上規定是:「叛國、賄賂或其他重罪和輕罪」。叛國、收賄,理所當然應該被彈劾,犯下這種罪行的人,絕對不能繼續在位。麻煩的是後面的文字:「Other high Crimes and Misdemeanors」,「其他重罪和輕罪」,這是什麼?

一七八七年訂定《美國憲法》條文時,「Misdemeanors」這個字其實並沒有法律上的「罪」的意思。「Misdemeanors」指涉的是未到違法犯罪程度,但不合宜、不適當的行為。為什麼將「high Crimes」和「Misdemeanors」如此並列?回到歷史語源上來看,那是為了強調:總統、副總統及所有文官,會被彈劾,不是因為犯罪。彈劾進行的是政治審判,不是司法審判。違犯法律的部分,由司法機關處理,彈劾處理的是政治責任,判斷一個人做出這樣的行為,是否仍然適合據有行政職位,繼續行使行政權力。

「叛國、賄賂」當然是違法行為，但在這裡特別標舉出來，重點不在觸犯法律，而是這種行為與行政職位、行政權力絕對不相容。犯了「叛國、賄賂」或「high Crimes」，被彈劾去職之外，還必須面對司法審判，同樣的一項行為，有兩項不同的程序，一項追究的是政治責任，另一項追究的是法律責任。然而《美國憲法》還特別保留一種情況的可能性——有些行為並未觸法，沒有法律責任，但在政治上，尤其是在職務與權力運用上，是「不當」的。這種「不當」行為，也構成總統、副總統及所有文官可能遭到彈劾的因素。

至於如何彈劾，屬於國會的權力，所以寫在《美國憲法》第一條第三款。彈劾分成兩個階段，等同於一般法律上的「起訴」和「審判」。發動彈劾的權力，

6 一九九八年十二月十九日，美國眾院以偽證和妨礙司法兩項罪名通過彈劾第四十二任總統柯林頓。但這兩項罪名在一九九九年二月十二日的參議院投票中均沒有超過三分之二的絕對多數，柯林頓逃過被罷免的命運。

7 陸溫斯基（Monica Lewinsky）是在一九九五至九六年擔任白宮實習生期間，與柯林頓總統發生婚外情關係。她打電話告訴任職於國防部的朋友琳達・崔普（Linda Tripp），結果崔普不但將兩人的對話錄了音，還把錄音帶交給正在調查柯林頓其他案件（「白水門」「檔案門」「旅遊門」）的獨立檢察官史塔（Kenneth Starr）。事情爆發後，這樁醜聞又被冠上「拉鍊門」的暱稱。

屬於「眾議院」；而決定是否通過彈劾的權力，則屬於「參議院」。由人民的代表來判斷一個政府官員是否犯了應該被要求去職的過錯，然後由各州的代表扮演法官角色，聽取起訴者與被起訴者雙方的說詞，決定哪一邊比較有道理。

行政權可以大概分成三種形式：一是軍事上的統帥權，二是日常的運作權，另外還有第三項——管理法律秩序的檢察起訴權。當有人觸犯公共法律時，是由行政權來負責調查、起訴。起訴意謂著從法律秩序維持者的角度主張：這個人做了這樣事，觸犯了某條法律，應該受到懲罰。但起訴者沒有權力直接判定這個人就是犯了法，更沒有權力直接施加懲罰，必須將起訴主張送到隸屬於司法權的法院去進行審理、裁判。

司法權又分兩項不同程序，來進行審理、裁判。一部分是事實認定，決定究竟發生了什麼樣的事，這樣的行為是否違反法律。另一部分則是法律的解釋與運用，如果在事實認定上確有違法行為，那麼這樣的行為依照法律應該得到怎樣的懲罰。

檢察權屬於行政權，審判權屬於司法權

美國所有審判都有這兩段程序，先「事實審」，然後「法律審」。前面一個階段，《憲法》規定必須「tried by Jury」，譯作中文是「由陪審團審理」。需要特別解釋的，中文「陪審團」和《美國憲法》中的「Jury」在語意上有很大的差距。「陪審團」的譯名，是基於「法官中心」的概念而來的，認定法院審判，中心主角是法官，所以「Jury」只是陪在旁邊幫忙的人。

事實絕非如此。在「事實審」的階段，「Jury」才是主角、才是主體。所有的證據、所有的證詞都是呈給「Jury」，供「Jury」評斷的。反而法官陪在一邊，以他的專業引領程序，維持秩序，以便審判順利進行。關於事實的呈示全部進行完畢，「Jury」的所有成員進行閉門會議，法官都不得參與，更不得試圖介入，最後由「Jury」作出犯人犯行是否成立的決定，宣布「有罪」或「無罪」。

不管法官主觀上如何認定，「Jury」做出的決定，就是這一審的決定。「事實審」的結果若是「無罪」，這一審當然就到此結束；結果若是「有罪」，那麼才有後面的「法律審」，由法官來審酌依照法條，這樣的犯行應該得到多重的

懲處。

「Jury」的特色、重點就在於他們是一般人，和被控犯法的人活在同一個社會，因而具備相同、至少是類似的鑑別、判斷標準。這又是貫徹「主權在民」精神的設計、安排。不同社會、不同身分的人帶有不同的偏見，作為這個系統的主人之一，他擁有不被其他偏見歪曲審判的權利。

屬於行政權的檢察權應當負責進行犯罪事實調查，收集各種證據，將之呈現在「Jury」前面，供「Jury」判斷，盡可能說服「Jury」同意：這個人果然在事實上做了這樣一件違法的事。被起訴的人，有權利平等地在「Jury」之前提出對他自己有利的證據，證明他沒有犯罪，也就是證明檢察權對他的起訴，是錯誤的。「Jury」按照他們所具備的常識，亦即基本上和被告屬於同一個社會抱持的同樣常識，來決定哪一邊提出的說法、證據，較為可信。

如果檢方提出的證據不足以說服「Jury」相信被告有罪，那麼「Jury」就該做出無罪判決。當「事實審」時檢察權不能說服「Jury」，那麼被告就無罪，也就沒有了後面的「法律審」。「Jury」重要嗎？當然重要！「Jury」算是「陪審」嗎？他們比較接近是「主審」吧？

負責起訴的，和負責裁決的，分得清清楚楚。在「Jury」面前，檢察官只是訴訟中對抗的兩方之一，和另一方——被告——都在競爭「Jury」的認同。「Jury」是裁判，檢察官是參與競賽的球員，兩者角色當然不能混淆。在美國司法系統中，檢察官對「Jury」主張這名被告依照A條法律犯了罪，「Jury」只能就雙方提出的證據衡量在事實上被告是否違反了A條法律，如果沒有，就必須做出無罪宣判。無罪，意謂著被告沒有違反A條法律，而不是他的行為都沒有觸法。審理過程中，如果「Jury」發現被告沒有違反A條法律，但看起來違反了B條法律，他們不能就B條法律判被告有罪。那不在此案「Jury」的權力範圍內。他們頂多只能在就A條法律宣判被告無罪後，附帶建議，讓檢察官就被告違反B條法律的部分，另行起訴。

檢察權與審判權的分別，嚴謹如此。不只為了保障被告人權，更是為了維護《憲法》中對於各種不同權力的關係規範，檢察權屬於行政權，審判權則屬於司法權，兩者混在一起就破壞了應有的權力監督制衡了。

如何界定總統的「不當行為」？

回到「彈劾」上。關鍵重點之一，雖然「彈劾」處理的也是不當、錯誤行為，但「彈劾」和司法上的違法審判，有著不可混淆的根本分別。無論其身分為何，有了違法行為，都必須在司法法庭上接受審判。總統、副總統及所有文官都如此，沒有例外，與其身分無關。但《憲法》上規定，總統、副總統及所有文官除了和所有人一樣必須負公民的法律責任之外，他們比別人多了政治責任，「彈劾」就是用來決定他們政治責任的審判程序。

當發生了需要確認政治責任的案件時，美國國會就變身成為「彈劾法庭」，來決定總統、副總統或某位文官是不是做了什麼在政治上明顯「不當」的行為，如果認定確有如此「不當」行為，那麼這個人就必須立即去職，以負起政治責任。

變身的過程中，「眾議院」變成了臨時檢察官，「參議院」就變成了臨時「Jury」。如果被彈劾的對象是總統時，正式的「參議院」院長——也就是副總統——不參加。理由很簡單，這中間牽涉明顯的利益衝突，如果總統遭到彈劾去職，副總統就可以繼位了。所以改由最高法院的首席大法官來主持彈劾審判。如此給予「參議院」彈劾會議準司法地位。

如果總統所犯過錯，屬於「叛國、賄賂或其他重罪」，這好處理。因為在犯罪事實上，司法的標準和政治的標準基本一致。證據證明他觸犯、違背了相關法條，那當然應該提出彈劾，應該通過彈劾。犯了這種錯誤的人，從職務上下台後還得到司法法庭上另外受審，擔負起法律責任。

然而《美國憲法》中規定的彈劾條件，還有「不當行為」（「輕罪」）這一項。增添這一項，是成熟的政治智慧，明白：要做一個國家領袖，絕不是不犯法就合格。在政治領域裡，有許多合法的事，「總統、副總統及所有文官」是不能做、不該做的。尤其是總統，當他做出不犯法卻不適當的事，可能給國家、社會帶來不可測量的重大傷害。

所以彈劾不限於違法行為。但「不當行為」是什麼？如何界定「不當行為」？派人去竊聽、盜錄對手政黨的會議內容，[8]算是該被彈劾的「不當行為」嗎？和

8 一九七二年六月十七日，美國民主黨全國總部所在的水門大廈抓到五名潛入內部安裝竊聽器與拍照的嫌犯，經聯邦調查局追查後發現，幕後的黑手指向共和黨執政的白宮。尼克森總統在聯邦最高法院的判決下交出錄音帶，並於一九七四年八月九日辭去總統職務。

年輕女實習生在白宮裡幽會有親密關係，算是該被彈劾的「不當行為」嗎？

前者，是尼克森總統差點遭到彈劾的理由，彈劾沒進行，因為尼克森自知彈劾將會通過，在事前倉皇辭職。後者，是柯林頓總統被「眾議院」提起彈劾的理由，但彈劾案在「參議院」沒有通過。

兩百多年來，美國國會極少動用彈劾權，但也因此沒有足夠的案例可供參考定義什麼是「不當行為」。以柯林頓在一九九八年被彈劾的事來看，從國會到大眾輿論，對於他的白宮幽會是否構成該被彈劾的「不當行為」，有著很深的歧見，從頭到尾贊成者和反對者彼此拉鋸，不曾有過稍微接近些的共識。

「不當行為」條款，是《美國憲法》中立法權和行政權關係上，一項至今未能穩定下來的不確定因素。

彈劾不應成為黨派鬥爭的工具

在一九九八年柯林頓遭到彈劾之前，《美國憲法》的彈劾設計基本上依循著明確的原則運作。尼克森下令竊聽民主黨黨部，這件事若由司法來進行審判，是再小不過的一件侵犯隱私行為而已，判下來頂多是緩刑，甚至有可能檢察官就以案情不重要為由，予以緩起訴或不起訴了。然而在政治上，這卻是明顯的誤用、濫用職權，意圖破壞民主選舉公平性的大事了。司法不罰或輕罰，政治上卻會引來嚴重破壞的行為，最合乎彈劾應該處理的範圍。

一八六五年，在林肯遇刺後，接任總統的安德魯．約翰遜，是美國歷史上使用過最多次否決權的總統。從一八六六年到一八六九年間，國會通過的法案，被他否決了二十一次。總統否決的法案依照《憲法》程序送回國會重審，其中有十五次，國會以三分之二的壓倒多數否決了總統的否決，不需總統同意簽署，法案自動生效。

光從這樣的數字，就能夠判斷這個總統和國會的關係糟到不能再糟。他不信任國會，經常動用否決權，但他顯然又無能真正控制國會，大部分時候國會都有三分之二的議員不同意、不支持總統的立場。

一八六八年「眾議院」對約翰遜總統提出了彈劾案，對當時的人來說，幾乎是意料中事。依照他和國會在法案上拉鋸的紀錄，看來要得到足夠票數通過彈劾，並不困難。但真正令人意外的，彈劾案在「參議院」沒有獲得通過，[9]理由在：彈劾不應該用來表達國會議員和總統的政治立場或主張歧異。不管國會議員如何討厭這個總統，多麼希望把他趕下台，只要這份厭惡源自於政治意見或立場的衝突，而不是總統有什麼明確的錯誤或不當行為，那麼依照《憲法》精神，國會就無權提出、通過彈劾。

這是許多國會議員的共同看法，基於此，約翰遜得以留在總統位子上。他們認為：總統抱持和國會不同的意見、立場，是他行使總統職權上可以做、甚至應該做的事，不屬於「不當行為」領域，更沒有觸犯「叛國、賄賂、或其他重罪」。討厭約翰遜是一回事，他們更在意更擔心的是，如果此例一開，彈劾變成了黨派政治鬥爭的工具，那麼總統與國會間的關係將永無寧日，而且彈劾原本應有的功能也將被嚴重扭曲。

所以一九九八年的政治騷動中，除了柯林頓總統和實習生到底在白宮裡做了些什麼的「煽色腥」內容之外，嚴肅的政治討論集中在問：依照這個理由對柯林頓提出彈劾，是真的針對他的「不當行為」，還是借題發揮將彈劾當成了鬥爭柯林頓的手段？

一九九八年的彈劾案，絕非美國憲政史上的光榮時刻。但和一八六八年發生的情況一樣，在激烈的黨派衝突下，在媒體喊打喊殺的激情中，彈劾案還是被打消了，沒有通過。這證明了美國國會一直有強烈的《憲法》理解與堅持，沒那麼容易被自身或民粹的情緒沖昏頭。

9 一八六八年二月二十四日，眾院以一百二十六票比四十七票，決議彈劾約翰遜；三月二日通過十一項彈劾罪名。五月十六日參院投票，三十五票有罪，十九票無罪，距離彈劾成立只差一票。約翰遜逃過被罷免的命運。

第八章

解釋《憲法》讓司法權抬頭

每一個宣誓效忠《憲法》的人，
都有權利也有義務以心證進行「合憲判斷」。
當不同的人有不同心證時，必須交由「最高法院」來進行終極裁量。
「最高法院」有了這樣的「最高」權力後，
就在美國政治上取得了《憲法》原本並未賦予的強大影響力。

要給法官高度保障，他才能獨立執法

三權分立，司法權排在第三位，次於立法權及行政權。這個順序是依照聯邦政府成立的先後訂定的。三權之前，最早先有「人民主權」，在《美國憲法》內容中，就由最前面的「序言」來代表。「人民主權」訂定、通過了《憲法》，有了《憲法》之後，首先必須成立國會。第一屆國會開議，才能依照第二條第一款的規定選出總統，才有了行政權的依託之處。而且也要由國會訂定組織法，行政部門才能依據組織法形成。國會立了各種法律，又有行政權負責執行法律規範的行為與秩序，才有管轄法律是非對錯的司法權用武之地。另外，法院的組織，也是由國會給予法源，所有法官人選，則由總統提名，「參議院」審查同意後就職上任。沒有立法權，沒有法院；沒有立法權和行政權的正常行使，沒有實質管理司法的法官。

《美國憲法》第三條第一款：

合眾國的司法權屬於一個最高法院以及國會隨時下令設立的低級法院。最高法院及低級法院的法官如果盡忠職守，應繼續任職，並按期接受俸給作為其服務之報酬。在其繼續任職期間，這項俸給不得刪減。

後面這部分的原文是：

The Judges, both of the supreme and inferior Courts, shall hold their Offices during good Behaviour, and shall, at stated Times, receive for their Services, a Compensation, which shall not be diminished during their Continuance in Office.

中文譯作「盡忠職守」，英文是「good Behaviour」，這是從英國法官規範中直接抄來的詞語。「good Behaviour」是個刻意寬鬆的標準。意味著一位法官一旦上任了，只要他保持行為良好，就可以在位子上一直幹下去。這裡甚至不存在能力評量。中文的「盡忠職守」指涉的是他應該要能夠稱職地工作，但英文原文中沒有這麼強烈的意思。

只要求基本的「good Behaviour」，就是要給法官高度的保障，不讓他的工作輕易受到威脅。稍微嚴格一點（包括像中文的「盡忠職守」）的標準，不小心就成了有心人用來鬥爭法官的工具，說這個法官這裡沒做好、那個法官那裡沒做到，法官如果要考慮別人的各種攻擊威脅，他就沒辦法獨立、超然地執法了。

法官和總統一樣，也可能遭到彈劾。但要彈劾一位法官，依照這款文字，就必須證明一個法官連最基本的「good Behaviour」都無法維持，才能要他去職。一八〇四年，新罕普夏州法官約翰・皮克林[1]遭到國會彈劾，因為他開庭時喝醉酒，在酒意中辱罵庭上眾人。這樣的行為，的確已經超過「good Behaviour」的底線了。

和行政權很不一樣，握有司法權的法官沒有任期。法官應有定期薪俸，這是理所當然的，除此之外，《憲法》還保證法官在任職期間，薪俸不得刪減。前面我們看過，對於總統職權的相關規定，是「不得增刪」，雖然不能減，但也不能加。法官比總統好，不能減，只能加。

關鍵差別在總統任期只有四年。四年內不得增刪，但任期與任期間，每四年國會可以對總統的薪水加加減減。法官沒有任期，基本上是終身制，如果規定任期內薪俸不得增加，幹一輩子註定領一樣的薪水，這種工作誰要做？

薪俸必須要能增加，但一定要明載「不得刪減」，和「good Behaviour」規範一樣，都是為了保障法官不受外力威脅以致影響其執法，用這條規定杜絕國會用減薪罰俸的手法來干預司法、控制法官。

立法權不能用薪俸威脅司法權，但「不得刪減」的條款保留了立法權可以用給法官加薪的方式實質賄賂司法權的空間。

事實上，十九、二十世紀之交，美國政治最黑暗的時期，就真的看到這種立法、司法（有時還加上行政）荒唐合作、交換利益的情況。《憲法》規定國會議員不得討論自身的薪俸，但議員們可以討論、改變下一任議員的薪俸，也能討論、改變法官的薪俸。有些議員在自己的選區站穩腳步，連選都能順利連任，這種人就有了很高的動機，把利益堆給下一任的議員，反正下一任的議員，還是他。太過明目張膽的「自肥」行為，或是藉由長期握有立法權（尤其是預

1 皮克林（John Pickering, 1737-1805）在擔任新罕普夏州議員期間獲選代表新罕普夏去參與費城會議，但遭到他的拒絕。之後他因病由新罕普夏高等法院首席法官轉任地方法院法官，但是到了一八〇〇年，他開始不出庭，地方法院以他心神喪失為由，要求聯邦找人暫代。一八〇二年三月，皮克林回來了，宣布休庭到隔天之後又失蹤了。一八〇三年，眾議院以酗酒和違法判決為由，通過彈劾皮克林；隔年參院以十九票對七票同意彈劾案，讓皮克林成為美國史上第一位遭到彈劾而去職的聯邦官員。

算權）來上下其手圖利自我，會引來司法權的審判懲罰，沒關係，議員可以用利益分享的方式，把法官們也一併攏入這個共犯結構裡來。

就是在這種最黑暗的時期，《憲法》規範的「三權」監督制衡機制，被利益分贓合作給取代了，興起了美國的新聞專業。就是在這個時期，新聞記者給予自己「第四權」的特殊定位。「第四權」，當然是相對於立法、行政、司法「三權」而來的。不過，「第四權」的概念，不是要改變原有的「三權」監督制衡，改為「四權」監督制衡，像我們的《憲法》將人家的「三權」擴充改成「五權」那樣。「第四權」行使的方式，是將「三權」運作的實況予以透明化，報導廣為周知，將那些「三權」在檯面下勾勾搭搭不欲人知的事情曝光。

有這樣的「第四權」，「三權」不能再繼續進行分贓合作，恢復應有的監督制衡關係，那才是正常的情況，也才能為國家、社會創造集體福祉。順帶說明一下，和「三權」有關的「第四權」觀念，「第四權」是知的權利、是報導的權利，目的不在參與「三權」攪和，而在讓「三權」維持在正常的彼此監督制衡關係上，不要扭曲、走調。

聯邦法院進駐各州卻不侵犯州權

《美國憲法》第三條第二款：

司法權適用的範圍應包括在本憲法、合眾國法律，和合眾國已訂及將訂的條約之下所發生的一切涉及普通法及衡平法的案件，一切有關大使、公使及領事的案件，一切有關海上裁判權與海事法裁判權的案件，合眾國為當事一方的訴訟，州與州之間的訴訟，州與另一州公民之間的訴訟，一州公民與另一州公民之間的訴訟，同州公民之間為不同州之讓與土地而爭執之訴訟，以及一州或其公民與外國政府、公民及其他國民之間的訴訟。

文字看起來很複雜，但概念是很清楚簡單的。和第一條第八款一樣，這裡列明了所有應該由「聯邦」司法權管轄的案件。如此詳細列明，是為了和「州權」，各州所擁有的司法權清楚分判開來。「聯邦」法庭只管：第一、屬於「聯邦」的法律；第二、牽涉不同州之間的跨州訴訟；第三、牽涉到外國的訴訟。除了列舉的這些項目之外，其他訴訟仍然都歸各州自行審理。

這樣的內容保證了：成立「聯邦」法院絕不侵犯原有的州權。「聯邦」法院甚至不是各州的上訴法院。不像「大英國協」的制度，有一段時間各國的上訴終審法院都在英國。「聯邦」法院和各州法院，是平行分工關係，不是上下隸屬關係。「聯邦」法院管轄的範圍內，有上訴法院、最高法院；各州法院也各自有其州上訴法院以及州最高法院。

這樣的文字，還要說服各州州民，「聯邦」法院有決心、也有能力處理當時最棘手的問題：州與州之間已然存在的爭執，還有隱然即將爆發的衝突。既有十三州的西邊，還有龐大的未開發土地，尤其南方各州，對於開發這些土地都有高度興趣，如何和諧並肩開發，而不因此釀成州與州間反目成仇，是個大問題。

別忘了，當時北美殖民地的西邊，密西西比河流域是控制在西班牙人手中。這片土地後來又轉而由法國人統治。所以向西發展，除了州與州關係之外，還有棘手的外國關係。讓情況更加複雜的，是西班牙針對各州採取的挑撥離間策略。西班牙總督承諾：願意公開放棄密西西比河航行權的州，可以獲得一部分西班牙佔領地作為報償。愈東邊，離密西西比河愈遠的州，愈可能願意放棄航行權。於是有些遠在東邊的州民，就移居到這塊當時最西部的土地來，相對地，和密西西比河關係最密切，也最接近西班牙屬地的南方各州反而得不到這些土地，無法順利擴張州境。如此，州與州之間必然因為土地關係而升高緊張對立。

這款內容表示：新成立的「聯邦」法院願意一肩承擔起州與州、州與他州州民、甚至同州州民因開發新土地而產生的法律問題，這在當時對於南方各州同意通過《憲法》、加入「聯邦」，是很大的誘因。

第三條第二款還明確規定了審判的基本原則與方式：

對一切罪行的審判，除了彈劾案之外，均應由陪審團審判，並且該審判應在罪案的州內舉行。但如罪案發生地點不在任何一州內，該項審判應在國會按法律指定之地點或幾個地點舉行。

考慮到美國廣土眾民，也考慮到各地的差異，所以即便是觸犯了「聯邦」法院管轄的法律項目，仍然在案發各州中審判，不需要通通大老遠跑到首都來打官司。如此保障了各州州民不需到外州打官司的權益，但同時也就意謂著必須在各州都成立「聯邦」法院，「聯邦」的司法體系正式進駐到各州，讓各州州民都能就近感受到「聯邦」的存在。

《美國憲法》第三條第三款：

只有對合眾國發動戰爭或投向其敵人予敵人以協助及方便者，方構成叛國罪。

這一款特別明白規定什麼是「叛國罪」，給予嚴格、限縮的定義。中文譯作「叛國罪」的「Treason」，在當時是個複雜、麻煩的觀念。幾乎每一州的州法都有關於「Treason」的規定，但各州都不一樣。原來的殖民地決定反抗殖民母國，從殖民母國的角度看，革命行為就是「Treason」。效忠革命，對殖民母國是「Treason」；效忠母國，對革命是「Treason」。很顯然，人被夾在衝突的認同中，很容易就弄得「Treason」罪名滿天飛，大家都用懷疑、敵對的眼光互相看待。

這種態度，無助於成立一個團結的新國家。相對於前一款對於州法的尊重，這一款卻等於是要用《憲法》的位階，取消現存所有各州定義「Treason」的權力。《憲法》通過後，只有背叛「聯邦」才是「Treason」，而背叛「聯邦」

行為採取緊縮解釋，「只有」明確發動戰爭及明確投向敵人給予協助，才構成「Treason」。《憲法》一旦通過，所有州法中關於「Treason」的不同規定，都將因與《憲法》抵觸而無效，從此「Treason」就只會有這麼一個緊縮解釋的定義。認同的思想、情感，不能構成「Treason」，一定要有行為。還有，一定要存在有敵對、戰爭關係，並不是給予其他國家協助、方便，都構成「Treason」。

無論何人，如非經由兩個證人證明其公然的叛國行為，或由本人在公開法庭認罪者，均不得被判叛國罪。國會有權宣布對於叛國罪的懲處，但因叛國罪而被褫奪公權者，其後人之繼承權不受影響。

這是繼續處理當時各州叛國罪氾濫亂象的規定。不能單純只由一個人指控，就讓叛國罪成立。儘管授權國會將來開議後訂定法律決定如何懲罰叛國者，但特別排除不得立法沒收叛國者的財產。會有如此的約束，顯而易見當時在各地，因為可以將叛國者財產沒收，甚至可以將部分沒收財產分給指控者，結果叛國罪就變成了一些人報復私怨的手段，如此既無助於國家安全，又平添許多社會騷擾。

司法權的抬頭符合三權分立的原理

規範司法權的第三條，總共就只有三款，其中第三款還是特別處理叛國罪的，非關司法權本身。「費城會議」的代表們，說實在的，不怎麼在意司法權。依照孟德斯鳩的理論，設計了三權分立，他們明白司法獨立的意義，然而相較於立法權與行政權，代表們不覺得需要在司法權上動太多腦筋。

因而從歷史上看，後來在司法權這方面，出現最多《憲法》訂定時未料到、未安排的變化。

兩百多年後，我們不得不驚訝，《美國憲法》訂定時，就有了極為嚴謹縝密的邏輯，以及精巧的平衡設計，不只涵蓋了美國後來政治史的演變發展，還延伸影響了全世界的民主政治規劃。在立法權和行政權上，美國現實狀況基本上沒有超脫《憲法》畫出來的路線。但在司法權上，因為《憲法》寫得太過簡單，而有了不太一樣的情況。

司法權上的變化主要來自第三條第一款規定了「一個最高法院以及國會隨時下令設立的低級法院」，在機構設立上有很大的彈性，國會可以隨時立法成立新的「低級法院」。其實就連「最高法院」，在《憲法》原意上，都有比今天大得多的彈性。《美國憲法》中規定的「最高法院」，和今天現實存在的「最高法院」，中文一樣，但在英文上卻有微妙而關鍵的差異。《憲法》上說的，是「one supreme Court」，只有「Court」大寫，「supreme」是小寫。現在的「聯邦最高法院」正式名稱則是「Supreme Court」，兩個字都大寫。

《憲法》上要的，不過就是法院要分等級，法院分級，審判也就分級，可以上訴。有一個終審的最高等級法院，另外有其他等級沒那麼高的低級法院。這是《憲法》的本意。

《美國憲法》中的司法權，地位明顯低於其他兩權。總統可以提名所有屬於行政權的官員，由國會來行使審查同意權。司法機關卻沒有一個像總統那樣可以代表司法權的最高職位，因而司法系統中的所有人事，其提名權不包括在司法權內，而是交給了領有行政權的總統。在這點上，司法權遠不如行政權。

然而，後來成立的「最高法院」具備了一項特別的功能，那就是「解釋憲法」。「聯邦最高法院」實質上成了「憲法法院」，專門受理、只受理牽涉到《憲法》疑義的上訴案件。大寫之後的「Supreme」這個字，取得了特定的意義，之所以「最高」，是因為處理一切法律的根源——《憲法》。

雖然每一個宣誓效忠《憲法》的人，都有權利也有義務以心證進行「合憲判斷」，不過當不同的人有不同心證解釋時，就必須交由「最高法院」來進行終極的裁量。「最高法院」有了這樣的「最高」權力，也就在美國政治上取得了《憲法》原本並未賦予的強大影響力。

尤其是進入二十世紀後，「最高法院」有了新的精神，經常藉由解釋《憲法》來發動政治或社會改革。藉由判定種族隔離措施違憲，給黑人「民權運動」提供了巨大能量；藉由認知婦女應該擁有墮胎權，刺激了「女權運動」的一波風起雲湧……這些都是「最高法院」帶來的歷史性衝擊。

美國司法權的發展，《憲法》不是主要的文獻，不是真正的起點。司法權的發展主要出現在從小寫的「one supreme Court」轉型為大寫的「Supreme Court」。因而要了解這段重要發展，光看《美國憲法》、光理解《美國憲法》條文就遠遠不夠了。應該要翻查「聯邦最高法院」的歷史，仔細閱讀幾個成為歷史里程碑的關鍵判決。

從馬歇爾首席大法官[2]開始，「最高法院」不只審理並判定州法和聯邦法律（包括《憲法》）相違的案件，還進一步審理「聯邦國會」訂定的法律，將部分法律宣布為「違憲」而取消其效力。

這樣推翻立法權的權力，其實並未於《美國憲法》中明載賦予「最高法院」。然而判例一成立，大部分的人也都接受這是合乎三權分立的基本精神，於是就讓「最高法院」的「合憲審查」權力愈來愈確切，也愈來愈大。

司法權的上升，和歷史上出現的一些具有高度企圖心的大法官，關係密切。十九世紀的馬歇爾，二十世紀的華倫[3]都積極運用、開拓「最高法院」的權力，不怕爭議，更願意走在社會前面，勇於將部分不合時宜的法律判為「違憲」。

2 馬歇爾（John Marshall, 1755-1835）是美國史上任職期間最久的首席大法官（一八〇一至三五年）。他的政治生涯開始於聯邦黨的維吉尼亞州眾議員，繼而成為第二任總統亞當斯的國務卿，然後獲亞當斯任命為第四任聯邦最高法院首席大法官。

3 華倫（Earl Warren, 1891-1974）在獲艾森豪總統任命為第十四任首席大法官之前，是加州史上唯一一位連續擔任過三屆州長的政治人物。他也曾和共和黨的紐約州州長杜威搭檔參選一九四八年的總統大選，最後輸給連任的杜魯門。華倫的任期從一九五三年到一九六九年。

促使司法權上升的第二項因素，是司法體系的規模持續不斷成長。「聯邦法院」成立之初，只有六位大法官，加上十四位低級法官。到現在，「最高法院」有九位大法官，其他各種不同層級的「聯邦法官」加起來超過一千位。還不只如此，現在平均每一個法官可以分配到七名助理或文員。這麼大的系統，處理那麼多案件，聯邦司法的重要性，當然隨而不斷提高。

還有第三項不容忽視的因素，是相較於立法權與行政權，司法權普遍得到人民較高的信任。尤其是在媒體發達之後，新聞中經常出現國會議員或行政官員的種種醜聞弊案，使得這兩權的形象與地位不斷受到挑戰。相形之下，司法人員的操守還是比較廉直，沒有那麼多狗屁倒灶的事。第一權、第二權形象持續淪喪，就使得本來在設計上沒那麼重要的第三權，反而成了人民最願意信任與依賴的部門了。國會議員和行政官員在人民心目中都成了天下烏鴉一般黑的「政客」，相對地，不論在語言或概念上，都不會將法官納入「政客」類別中，司法人員保有社會較高的尊重。

終身職的法官，一輩子不能兼差，不能做生意，不可能賺大錢，光是這點就和「政客」很不一樣。人民不敢、不願信任「政客」，也就傾向於將重要的事交給「非政客」的法官來管。到現在，許多美國人根本忘記了《憲法》其實是將「憲法審查」的權力交給每一個宣誓效忠《憲法》的公務員，但他們已經不同意讓國會議員或行政官員來管轄基本大法，對他們而言，只有「最高法院」的大法官才有權解釋《憲法》，進行「合憲審查」，他們也只願意信任大法官來擔負這樣的工作。

在《美國憲法》設計之初，司法權遠遠落後於其他兩權，然而至少到美國建國兩百週年時，落後的司法權已經迎頭趕上，和其他兩權平起平坐了。這樣的發展，儘管不符合《憲法》的本意，卻符合《美國憲法》所採納的三權結構原理。歷史的變化，冥冥之間決定了平等的三權，而非兩大權一小權，這才是最合理、最穩定的制度。

美國憲法

序言

我們，美利堅合眾國的人民，為了組織一個更完善的聯邦，樹立正義，保障國內的安寧，建立共同的國防，增進全民福利和確保我們自己及我們後代能安享自由帶來的幸福，乃為美利堅合眾國制定和確立這一部憲法。

第一條

第一款：本憲法所規定的立法權，全屬合眾國的國會，國會由一個參議院和一個眾議院組成。

第二款：眾議院應由各州人民每兩年選舉一次之議員組成，各州選舉人應具有該州州議會中人數最多之一院的選舉人所需之資格。

凡年齡未滿二十五歲，或取得合眾國公民資格未滿七年，或於某州當選而並非該州居民者，均不得任眾議員。

眾議員人數及直接稅稅額，應按聯邦所轄各州的人口數目比例分配，此項人口數目的計算法，應在全體自由人民——包括訂有契約的短期僕役，但不包括未被課稅的印第安人——數目之外，再加上所有其他人口之五分之三。實際人口調查，應於合眾國國會第一次會議三年內舉行，並於其後每十年舉行一次，其調查方法另以法律規定之。眾議員的數目，不得超過每三萬人口有眾議員一人，但每州至少應有眾議員一人；在舉行人口調查以前，各州得按照下列數目選舉眾議員：新罕普夏三人、麻薩諸塞八人、羅德島及普羅維登斯墾殖區一人、康乃狄克五人、紐約州六人、新澤西四人、賓夕法尼亞八人、德拉瓦一人、馬里蘭六人、維吉尼亞十人、北卡羅萊納五人、南卡羅萊納五人、喬治亞三人。

任何一州的眾議員有缺額時，該州的行政長官應頒選舉令，選出眾議員以補充缺額。

眾議院應選舉該院議長及其他官員；只有眾議院具有提出彈劾案的權力。

第三款：合眾國的參議院由每州的州議會選舉兩名參議員組成之，參議員的任期為六年，每名參議員有一票表決權。

參議員第一次選舉後舉行會議之時，應當立即盡量均等地分成三組。第一組參議員的任期，到第二年年終時屆滿，第二組到第四年年終時屆滿，第三組到第六年年終時屆滿，俾使每兩年有三分之一的參議員改選；如果在某州州議會休會期間，有參議員因辭職或其他原因出缺，該州的行政長官得任命臨時參議員，等到州議會下次集合時，再予選舉補缺。

凡年齡未滿三十歲，或取得合眾國公民資格未滿九年，或於某州當選而並非該州居民者，均不得任參議員。

合眾國副總統應為參議院議長，除非在投票票數相等時，議長無投票權。

參議院應選舉該院的其他官員，在副總統缺席或執行合眾國總統職務時，還應選舉臨時議長。

所有彈劾案，只有參議院有權審理。在開庭審理彈劾案時，參議員們均應宣誓或誓願。如受審者為合眾國總統，則應由最高法院首席大法官擔任主席；在未得出席的參議員的三分之二的同意時，任何人不得被判有罪。

彈劾案的判決，不得超過免職及取消其擔任合眾國政府任何有榮譽、有責任或有俸給的職位之資格；但被判處者仍須服從另據法律所作之控訴、審訊、判決及懲罰。

第四款：各州州議會應規定本州參議員及眾議員之選舉時間、地點及程序；但國會得隨時以法律制定或變更此種規定，惟有選舉議員的地點不在此例。

國會應至少每年集合一次，開會日期應為十二月的第一個星期一，除非他們通過法律來指定另一個日期。

第五款：參眾兩院應各自審查本院的選舉、選舉結果報告和本院議員的資格，每院議員過半數即構成可以議事的法定人數；不足法定人數時，可以一天推一天地延期開會，並有權依照各該議院所規定的程序和罰則，強迫缺席的議員出席。

參眾兩院得各自規定本院的議事規則，處罰本院擾亂秩序的議員，並且得以三分之二的同意，開除本院的議員。

參眾兩院應各自保存一份議事紀錄，並經常公佈，惟各該院認為應保守秘密之部分除外；兩院議員對於每一問題之贊成或反對，如有五分之一出席議員請求，則應記載於議事紀錄內。

在國會開會期間，任一議院未得別院同意，不得休會三日以上，亦不得遷往非兩院開會的其他地點。

第六款：參議員與眾議員得因其服務而獲報酬，報酬的多寡由法律定之，並由合眾國國庫支付。兩院議員除犯叛國罪、重罪以及擾亂治安罪外，在出席各該院會議及往返各該院途中，有不受逮捕之特權；兩院議員在議院內所發表之演說及辯論，在其他場合不受質詢。

參議員或眾議員不得在當選任期內擔任合眾國政府任何新添設的職位，或在其任期內支取因新職位而增添的俸給；在合眾國政府供職的人，不得在其任職期間擔任國會議員。

第七款：有關徵稅的所有法案應在眾議院中提出；但參議院得以處理其他法案的方式，以修正案提出建議或表示同意。

經眾議院和參議院通過的法案，在正式成為法律之前，須呈送合眾國總統；總統如批准，便須簽署，如不批准，即應連同他的異議把它退還給原來提出該案的議院，該議院應將異議詳細記入議事紀錄，然後進行復議。倘若在復議之後，該議院議員的三分之二仍然同意通過該法案，該院即應將該法案連同異議書送交另一院，由其同樣予以復議，若此另一院亦以三分之二的多數通過，該法案即成為法律。但遇有這樣的情形時，兩院的表決均應以贊同或反對來定，而贊同和反對該法案的議員的姓名，均應由兩院分別記載於各該院的議事紀錄之內。如總統接到法案後十日之內（星期日除外），不將之退還，該法案即等於由總統簽署一樣，成為法律，惟有當國會因而無法將該法案退還時，該法案才不得成為法律。

任何命令、決議或表決（有關休會問題者除外），凡須由參議院及眾議院予以同意者，均應呈送合眾國總統；經其批准之後，方始生效，如總統不予批准，則參眾兩院可依照對於通過法案所規定的各種組別和限制，各以三分之二的多數，再行通過。

第八款：國會有權規定並徵收稅金、捐稅、關稅和其他賦稅，用以償付國債並為合眾國的共同防禦和全民福利提供經費；但是各種捐稅、關稅和其他賦稅，在合眾國內應劃一徵收；

以合眾國的信用舉債；

管理與外國的、州與州間的，以及對印第安部落的貿易；

制定在合眾國內一致適用的歸化條例，和有關破產的一致適用的法律；

鑄造貨幣，調節其價值，並釐定外幣價值，以及制定度量衡的標準；

制定對偽造合眾國證券和貨幣的懲罰條例；

設立郵政局及建造驛路；

為促進科學和實用技藝的進步，對作家和發明家的著作和發明，在一定期限內給予專利權的保障；

設置最高法院以下的各級法院；

界定並懲罰海盜罪、在公海所犯的重罪和違背國際公法的罪行；

宣戰，對民用船隻頒發捕押敵船及採取報復行動的特許證，制定在陸地和海面虜獲戰利品的規則；

募集和維持陸軍，但每次撥充該項費用的款項，其有效期不得超過兩年；

配備和保持海軍；

制定有關管理和控制陸海軍隊的各種條例；

制定召集民兵的條例，以便執行聯邦法律，鎮壓叛亂和擊退侵略；

規定民兵的組織、裝備和訓練，以及民兵為合眾國服務時的管理辦法，但各州保留其軍官任命權，和依照國會規定的條例訓練其民團的權力；

對於由某州讓與而由國會承受，用以充當合眾國政府所在地的地區（不逾十哩見方），握有對其一切事務的全部立法權；對於經州議會同意，向州政府購得，用以建築要塞、彈藥庫、兵工廠、船塢和其他必要建築物的地方，也握有同樣的權力；——並且

為了行使上述各項權力，以及行使本憲法賦予合眾國政府或其各部門或其官員的種種權力，制定一切必要的和適當的法律。

第九款：對於現有任何一州所認為的應准其移民或入境的人，在一八〇八年以前，國會不得加以禁止，但可以對入境者課稅，惟以每人不超過十美元為限。

不得中止人身保護令所保障的特權，惟在叛亂或受到侵犯的情況下，出於公共安全

的必要時不在此限。

不得通過任何褫奪公權的法案或者追溯既往的法律。

除非按本憲法所規定的人口調查或統計之比例，不得徵收任何人口稅或其他直接稅。

對各州輸出之貨物，不得課稅。

任何有關商務或納稅的條例，均不得賦予某一州的港口以優惠待遇；亦不得強迫任何開往或來自某一州的船隻，駛入或駛出另一州，或向另一州納稅。

除了依照法律的規定撥款之外，不得自國庫中提出任何款項；一切公款收支的報告和帳目，應經常公佈。

合眾國不得頒發任何貴族爵位：凡是在合眾國政府擔任有俸給或有責任之職務者，未經國會許可，不得接受任何國王、王子或外國的任何禮物、薪酬、職務或爵位。

第十款：各州不得締結任何條約、結盟或組織邦聯；不得對民用船隻頒發捕押敵船及採取報復行動之特許證；不得鑄造貨幣；不得發行紙幣；不得指定金銀幣以外的物品作為償還債務的法定貨幣；不得通過任何褫奪公權的法案、追溯既往的法律和損害契約義務的法律；也不得頒發任何貴族爵位。

未經國會同意，各州不得對進口貨物或出口貨物徵收任何稅款，但為了執行該州的檢查法律而有絕對的必要時，不在此限；任何州對於進出口貨物所徵的稅，其淨收益應歸合眾國國庫使用；所有這一類的檢查法律，國會對之有修正和監督之權。

未經國會同意，各州不得徵收船舶噸位稅，不得在和平時期保持軍隊和軍艦，不得和另外一州或外國締結任何協定或契約，除非實際遭受入侵，或者遇到刻不容緩的危急情形時，不得從事戰爭。

第二條

第一款：行政權力賦予美利堅合眾國總統。總統任期四年，總統和具有同樣任期的副總統，應照下列手續選舉：

每州應依照該州州議會所規定之手續，指定選舉人若干名，其人數應與該州在國會之參議員及眾議員之總數相等；但參議員、眾議員及任何在合眾國政府擔任有責任及有俸給之職務的人，均不得被指定為選舉人。

各選舉人應於其本身所屬的州內集會，每人投票選舉二人，其中至少應有一人不屬本州居民。選舉人應開列全體被選人名單，註明每人所得票數；他們還應簽名作證明，並將封印後的名單送至合眾國政府所在地交與參議院議長。參議院議長應於參眾兩院全體議員之前，開拆所有來件，然後計算票數。得票最多者，如其所得票數超過全體選舉人的半數，即當選為總統；如同時不止一人得票過半數，且又得同等票數，則眾議院應立即投票表決，選舉其中一人為總統；如無人得票過半數，則眾議院應自得票最多之前五名中用同樣方法選舉總統。但依此法選舉總統時，應以州為單位，每州之代表共有一票；如全國三分之二的州各有一名或多名眾議員出席，即構成選舉總統的法定人數；當選總統者需獲全部州的過半數票。在每次這樣的選舉中，於總統選出後，其獲得選舉人所投票數最多者，即為副總統。但如有二人或二人以上得票相等時，則應由參議院投票表決，選舉其中一人為副總統。

國會得決定各州選出選舉人的時期以及他們投票的日子；投票日期全國一律。

只有出生時為合眾國公民，或在本憲法實施時已為合眾國公民者，可被選為總統；凡年齡未滿三十五歲，或居住合眾國境內未滿十四年者，不得被選為總統。

如遇總統被免職，或因死亡、辭職或喪失能力而不能執行其權力及職務時，總統職權應由副總統執行之。國會得以法律規定，在總統及副總統均被免職，或死亡、辭職或喪失能力時，由何人代理總統職務，該人應即遵此視事，至總統能力恢復，或新總統被選出時為止。

總統得因其服務而在規定的時間內接受俸給，在其任期之內，俸金數額不得增加或減低，他亦不得在此任期內，自合眾國政府和任何州政府接受其他報酬。

在他就職之前，他應宣誓或誓願如下：「我鄭重宣誓（或矢言）我必忠誠地執行合眾國總統的職務，並盡我最大的能力，維持、保護和捍衛合眾國憲法。」

第二款：總統為合眾國陸海軍的總司令，並在各州民團奉召為合眾國執行任務時擔任統帥；他可以要求每個行政部門的主管官員提出有關他們職務的任何事件的書面意見，除了彈劾案之外，他有權對於違犯合眾國法律者頒發緩刑和特赦。

總統有權締訂條約，但須爭取參議院的意見和同意，並須出席的參議員中三分之二的人贊成；他有權提名，並於取得參議院的意見和同意後，任命大使、公使及領事、最高法院的法官，以及一切其他在本憲法中未經明定、但以後將依法律的規定而設置之合眾國官員；國會可以制定法律，酌情把這些較低級官員的任命權，授予總統本人，授予法院，或授予各行政部門的首長。

在參議院休會期間，如遇有職位出缺，總統有權任命官員補充缺額，任期於參議院下屆會議結束時終結。

第三款：總統應經常向國會報告聯邦的情況，並向國會提出他認為必要和適當的措施，供其考慮；在特殊情況下，他得召集兩院或其中一院開會，並得於兩院對於休會時間意見不一致時，命令兩院休會到他認為適當的時期為止；他應接見大使和公使；他應注意使法律切實執行，並任命所有合眾國的軍官。

第四款：合眾國總統、副總統及其他所有文官，因叛國、賄賂或其他重罪和輕罪，被彈劾而判罪者，均應免職。

第三條

第一款：合眾國的司法權屬於一個最高法院以及由國會隨時下令設立的低級法院。最高法院和低級法院的法官，如果盡忠職守，應繼續任職，並按期接受俸給作為其服務之報酬，在其繼續任職期間，該項俸給不得削減。

第二款：司法權適用的範圍，應包括在本憲法、合眾國法律、和合眾國已訂的及將訂的條約之下發生的一切涉及普通法及衡平法的案件；一切有關大使、公使及領事的案件；一切有關海上裁判權及海事裁判權的案件；合眾國為當事一方的訴訟；州與州之間的訴訟，州與另一州的公民之間的訴訟，一州公民與另一州公民之間的訴訟，同州公民之間為不同之州所讓與之土地而爭執的訴訟，以及一州或其公民與外國政府、公民或其國民之間的訴訟。

在一切有關大使、公使、領事以及州為當事一方的案件中，最高法院有最初審理權。在上述所有其他案件中，最高法院有關於法律和事實的受理上訴權，但由國會規定為例外及另有處理條例者，不在此限。

對一切罪行的審判，除了彈劾案以外，均應由陪審團裁定，並且該審判應在罪案發生的州內舉行；但如罪案發生地點並不在任何一州之內，該項審判應在國會按法律指定之地點或幾個地點舉行。

第三款：只有對合眾國發動戰爭，或投向它的敵人，予敵人以協助及方便者，方構成叛國罪。無論何人，如非經由兩個證人證明他的公然的叛國行為，或經由本人在公開法庭認罪者，均不得被判叛國罪。

國會有權宣佈對於叛國罪的懲處，但因叛國罪而被褫奪公權者，其後人之繼承權不受影響，叛國者之財產亦只能在其本人生存期間被沒收。

第四條

第一款：各州對其他各州的公共法案、紀錄、和司法程序，應給予完全的信賴和尊重。國會得制定一般法律，用以規定這種法案、紀錄、和司法程序如何證明以及具有何等效力。

第二款：每州公民應享受各州公民所有之一切特權及豁免。

凡在任何一州被控犯有叛國罪、重罪或其他罪行者，逃出法外而在另一州被緝獲時，該州應即依照該罪犯所逃出之州的行政當局之請求，將該罪犯交出，以便移交至該犯罪案件有管轄權之州。

凡根據一州之法律應在該州服役或服勞役者，逃往另一州時，不得因另一州之任何法律或條例，解除其服役或勞役，而應依照有權要求該項服役或勞役之當事一方的要求，把人交出。

第三款：國會得准許新州加入聯邦；如無有關各州之州議會及國會之同意，不得於任何州之管轄區域內建立新州；亦不得合併兩州或數州、或數州之一部分而成立新州。

國會有權處置合眾國之屬地及其他產業，並制定有關這些屬地及產業的一切必要的法規和章則；本憲法中任何條文，不得作有損於合眾國或任何一州之權利的解釋。

第四款：合眾國保證聯邦中的每一州皆為共和政體，保障它們不受外來的侵略；並且根據各州州議會或行政部門（當州議會不能召集時）的請求，平定其內部的暴亂。

第五條

舉凡兩院議員各以三分之二的多數認為必要時，國會應提出對本憲法的修正案；或者，當現有諸州三分之二的州議會提出請求時，國會應召集修憲大會，以上兩種修正案，如經諸州四分之三的州議會或四分之三的州修憲大會批准時，即成為本憲法之一部分而發生全部效力，至於採用那一種批准方式，則由國會議決；但一八〇八年以前可能制定之修正案，在任何情形下，不得影響本憲法第一條第九款之第一、第四兩項；任何一州，沒有它的同意，不得被剝奪它在參議院中的平等投票權。

第六條

合眾國政府於本憲法被批准之前所積欠之債務及所簽訂之條約，於本憲法通過後，具有和在邦聯政府時同等的效力。

本憲法及依本憲法所制定之合眾國法律；以及合眾國已經締結及將要締結的一切條約，皆為全國之最高法律；每個州的法官都應受其約束，任何一州憲法或法律中的任何內容與之牴觸時，均不得有違這一規定。

前述之參議員及眾議員，各州州議會議員，合眾國政府及各州政府之一切行政及司法官員，均應宣誓或誓願擁護本憲法；但合眾國政府之任何職位或公職，皆不得以任何宗教標準作為任職的必要條件。

第七條

本憲法經過九個州的制憲大會批准後，即在批准本憲法的各州之間開始生效。

權利法案

第一條修正案

國會不得制定有關下列事項的法律：確立一種宗教或禁止信教自由；剝奪言論自由或出版自由；或剝奪人民和平集會及向政府要求伸冤的權利。

第二條修正案

紀律良好的民兵隊伍，對於一個自由國家的安全實屬必要；故人民持有和攜帶武器的權利，不得予以侵犯

第三條修正案

任何兵士，在和平時期，未得屋主的許可，不得居住民房；在戰爭時期，除非照法律規定行事，亦一概不得自行占住。

第四條修正案

人人具有保障人身、住所、文件及財物的安全，不受無理之搜索和拘捕的權利；此項權利，不得侵犯；除非有可成立的理由，加上宣誓或誓願保證，並具體指明必須搜索的地點，必須拘捕的人，或必須扣押的物品，否則一概不得頒發搜捕狀。

第五條修正案

非經大陪審團提起公訴，人民不應受判處死罪或會因重罪而被剝奪部分公權之審判；惟於戰爭或社會動亂時期中，正在服役的陸海軍或民兵中發生的案件，不在此例；人民不得為同一罪行而兩次被置於危及生命或肢體之處境；不得被強迫在任何刑事案件中自證其罪，不得不經過適當法律程序而被剝奪生命、自由或財產；人民私有產業，如無合理賠償，不得被徵為公用。

第六條修正案

在所有刑事案中，被告人應有權提出下列要求：要求由罪案發生地之州及區的公正的陪審團予以迅速及公開之審判，並由法律確定其應屬何區；要求獲悉被控的罪名和理由；要求與原告的證人對質；要求以強制手段促使對被告有利的證人出庭作證；並要求由律師協助辯護。

第七條修正案

在引用習慣法的訴訟中，其爭執所涉及者價值超過二十元，則當事人有權要求陪審團審判；任何業經陪審團審判之事實，除依照習慣法之規定外，不得在合眾國任何法院中重審。

第八條修正案

不得要求過重的保釋金，不得課以過高的罰款，不得施予殘酷的、逾常的刑罰。

第九條修正案

憲法中列舉的某些權利，不得被解釋為否認或輕視人民所擁有的其他權利。

第十條修正案

舉凡憲法未授予合眾國政府行使，而又不禁止各州行使的各種權力，均保留給各州政府或人民行使之。

資料出處：美國在台協會
http://www.ait.org.tw/zh/us-constitution.html

美國大事年表

1775.4.19　英軍與萊辛頓民兵交火，美國獨立戰爭開打。

1776.7.4　由北美十三個殖民地召開的大陸會議通過《獨立宣言》。

1777.7.12　第二次大陸會議提出《邦聯條例》。

1781.3.1　《邦聯條例》正式獲得全部十三州州議會的批准。

1783.9.3　英美簽署巴黎和約，結束美國獨立戰爭。

1786.9.11-9.14　來自新澤西、紐約、賓夕法尼亞、德拉瓦與維吉尼亞五州十二代表，在馬里蘭的安那波利斯集會，要求次年在費城集會討論修正《邦聯條例》。

1787.5.25-9.17　費城會議召開，通過《美國憲法草案》。

1787.9.27　紐約媒體開始出現反對通過《美國憲法》的言論。

1787.10.27　漢彌爾頓、麥迪遜、傑伊開始以「Publius」的筆名，在媒體發表一系列支持通過《美國憲法》的言論，史稱《聯邦論》。

1787.12.7　德拉瓦州以30:0認可《美國憲法》。

1787.12.12　賓夕法尼亞州以46:23認可《美國憲法》。

1787.12.18　新澤西州以8:0認可《美國憲法》。

1788.1.2　喬治亞州以26:0認可《美國憲法》。

1788.1.9　康乃狄克州以128:40認可《美國憲法》。

1788.2.6　麻薩諸塞州以187:168認可《美國憲法》。

1788.4.28　馬里蘭州以63:11認可《美國憲法》。

1788.5.23　南卡羅萊納州以149:73認可《美國憲法》。

1788.6.21　新罕普夏州以57:47認可《美國憲法》，越過九州同意的門檻。

1788.6.25　維吉尼亞州以89:79認可《美國憲法》。

1788.7.26 紐約州以30:27認可《美國憲法》。

1789.4.30 華盛頓就任第一任總統。

1789.7.14 法國大革命爆發，第一共和建立。

1789.11.21 北卡羅萊納州以194:77認可《美國憲法》。

1790.5.29 羅德島州以34:32認可《美國憲法》。

1790 聯邦政府進行首次人口普查。

1791 傑佛遜與麥迪遜等人創立民主共和黨。

1791 國會通過十條憲法修正案限制聯邦政府作為，統稱《權利法案》。

1791 聯邦加課烈酒稅金，引發賓夕法尼亞州農民暴動，史稱「威士忌之亂」。

1792 漢彌爾頓創立聯邦黨。

1793.3.4 華盛頓開始第二任任期。

1794 「威士忌之亂」平息。

1796.9.19 華盛頓在告別演說中宣布不再競選連任，立下美國總統最多連任一次的慣例。

1798 第五屆國會通過「煽動法案」，不被允許的「煽動」做法包括公開批評國會議員、總統。

1800 傑佛遜當選總統，以「煽動法案」違憲之故拒絕執行，並將觸法者予以特赦。

1803.4.30 美法簽約，美國向法國買下路易斯安那的土地。

1804.6.15 《美國憲法》第十二條修正案通過，將總統選舉及副總統選舉分別開來。

1823.12.2 門羅總統發表國情咨文，表明美國應該只管美洲事務，和歐洲保持距離，後世稱之為「門羅主義」。

1824　民主共和黨分裂為民主黨與國家共和黨。

1825　聯邦黨解散。

1845.3.3　國會推翻泰勒總統對緝私船法案的否決，成為史上首例。

1854　反對蓄奴的人士組成共和黨。

1861.4.12　南軍砲轟桑特堡，林肯總統出兵，南北戰爭開始。

1865.4.15　林肯遇刺身亡，副總統約翰遜依憲法繼任總統。南北戰爭結束。

1868.2.24　眾議院通過彈劾約翰遜總統。

1868.5.16　約翰遜罷免案在參院差一票成立，罷免失敗。

1868.7.9　《美國憲法》第十四條修正案通過，廢除奴隸制度，並使所有公民均有權利投票選舉眾議員。

1913.5.31　《美國憲法》第十七條修正案通過，參議員改由公民直選，不再透過州議會間接選舉。

1920.1.10　國際聯盟成立，但美國因參院反對而沒有加入。

1940.11.5　小羅斯福連選連任第三任總統，成為美國史上孤例。

1944.11.7　小羅斯福連選連任第四任總統。

1945.4.12　小羅斯福因腦溢血去世，副總統杜魯門依憲法繼任總統。

1951.2.27　《美國憲法》第二十二條修正案通過，規定總統只能連選連任一次。

1963.11.22　甘迺迪總統遇刺身亡，副總統詹森依憲法繼任總統。

1972.6.17　民主黨總部遭人竊聽、拍照，幕後黑手指向共和黨總統尼克森。

1974.8.9　尼克森辭去總統職務，副總統福特依憲法繼任總統。

1979.1.1　美國與中華人民共和國建交，同時與中華民國斷絕外交關係。

1979.3.29　美國國會通過《台灣關係法》。

1981.3.30 雷根總統遇刺受傷，國務卿海格發表「這裡我當家」言論。

1998.11.12 柯林頓總統簽署《京都議定書》，但參院已於前一年決議反對，因此議定書並未送參院認可。

1998.12.19 眾議院以偽證和妨礙司法兩項罪名，通過彈劾柯林頓。

1999.2.12 柯林頓罷免案在參議院未超過絕對多數，罷免失敗。

2000.11.7 總統大選發生重大爭議，佛羅里達州的計票問題使選舉結果不明，最後聯邦最高法院判定小布希取得佛州的選舉人團票，小布希當選總統。

2006.10.17 小布希總統簽署一項軍事法案，以反恐為由，中止關押在軍事監獄的囚犯援引「人身保護令」。

延伸閱讀

大衛．麥卡勒，《一七七六》，黃中憲譯，時報文化，二〇〇六。
包恩，《費城奇蹟》，鄭明萱譯，貓頭鷹，二〇〇四。
漢彌爾頓、麥迪遜、約翰．傑，《聯邦論》，謝淑斐譯，左岸，二〇〇六。
陶龍生，《小人物的呻吟——美國憲法的故事》，聯合文學，二〇一二。
馬克思．法蘭德，《設計憲法——美國憲法的誕生》，董成美譯，博雅書屋，二〇〇八。
華盛頓．歐文，《華盛頓》，高莉莉譯，五南，二〇一二。
陶莉絲．古德溫，《無敵》，高育慈等譯，大塊，二〇一一。
比爾．柯林頓，《我的人生——柯林頓回憶錄》，潘勛等譯，時報文化，二〇〇四。
高爾，《失控的總統》，邱春煌譯，貓頭鷹，二〇〇九。
大衛．葛根，《美國總統的七門課》，張明敏等譯，時報文化，二〇〇二。
尼格爾．漢彌爾頓，《美國十二總統傳——從小羅斯福到小布希》，黃煜文譯，五南，二〇一四。
托克維爾，《民主在美國》，秦修明、湯新楣、李宜培譯，左岸，二〇〇五。
楊照，《以平等之名——托克維爾與民主在美國》，左岸，二〇一三。
約瑟夫．艾普斯坦，《民主的導師——托克維爾》，柯慧貞、傅士哲譯，左岸，二〇一五。＊

孟德斯鳩，《法意》，嚴復譯，台灣商務，二〇一〇。
盧梭，《社約論》，徐百齊譯，台灣商務，二〇〇〇。
（延伸閱讀僅列出中文繁體書；＊記號為即將出版的相關著作。）

左岸經典　219

打造新世界　費城會議與《美國憲法》

A NEW WORLD IS BORN

On Philadelphia Convention and *Constitution of the United States*

作　　者　楊照
總 編 輯　黃秀如
特約編輯　王湘瑋
美術設計　黃暐鵬

社　　長　郭重興
發行人暨出版總監　曾大福
出　　版　左岸文化
發　　行　遠足文化事業股份有限公司
231新北市新店區民權路108-2號9樓
電　　話　(02)2218-1417
傳　　真　(02)2218-8057
客服專線　0800-221-029
E-Mail　service@bookrep.com.tw
網　　站　http://blog.roodo.com/rivegauche
法律顧問　華洋法律事務所　蘇文生律師
印　　刷　成陽印刷股份有限公司
初　　版　2015年4月

定　　價　280元

ISBN　978-986-5727-19-2

打造新世界：費城會議與《美國憲法》／楊照作.
－初版.－新北市：左岸文化出版：遠足文化發行，2015.04
面；　公分.－(左岸經典；219)(楊照的七堂公民課)
ISBN 978-986-5727-19-2(平裝)
1.憲法 2.美國
581.52　　　104005208

A NEW WORLD IS BORN:
On Philadelphia Convention and *Constitution of the United States*